CARLO GOLDONI

IRCANA IN ISPAAN

[Prefazione]

Terza Rappresentazione ed ultima sull'Argomento
della Sposa Persiana La presente Tragicomedia
fu rappresentata per la prima volta
nell'Autunno dell'anno 1756

A SUA ECCELLENZA
LA SIGNORA
MATILDE ERIZZO

NATA MARCHESA BENTIVOGLIO

Sono parecchi anni ch'io vengo onorato dalla protezione di due Nobilissime Dame Sorelle, Zie Paterne dell'E.V.: in Bologna l'Eccellentissima Signora Marchesa Eleonora Albergati, ed in Ferrara l'Eccellentissima Signora Lucrezia Rondinelli. Ragionarono esse meco sì dolcemente dei pregi ammirabili di V.E. e tanto nelledue suddette Città sentii con ammirazione parlarne, che m'invogliai di conoscerla, e di acquistarmi il di Lei Patrocinio. Parvemi che la sorte favorisse i miei voti, allorché intesi essere l'Eccel. V ostra destinata in Isposa all'Eccellentissimo Signore Marcantonio Erizzo, Patrizio Veneto, dicendo fra me medesimo: Viene l'Illustre Dama a felicitare la nostra Patria, e potrò forse più agevolmente accostarmi a Lei davvicino, e conseguire il bene desiderato. Non m'ingannò la speranza. Cercai la permissione di poter a Lei presentarmi, e con mia estrema consolazione trovai il di Lei animo benignamente in favor mio prevenuto; e assicurato ch'Ella delle opere mie compiacevasi, mi lusingai di esser io stesso dalla protezione sua decorato. Giunto il giorno per me felice, in cui ebbi l'onore la prima volta di inchinarmi all'E.V. conobbi da me medesimo quanto giustamente la Fama empie il mondo delle ammirabili qualità che l'adornano, poiché la pratica, che ho del mondo, e l'uso fatto per abito, e per mestiere, rade volte m'inganna. Trovai nell'E.V. una dolcezza e affabilità di contegno, che nell'atto medesimo attrae l'animo di chi la tratta, e gl'infonde ammirazione e rispetto.

I suoi ragionamenti senza affettazione eruditi, e le sue massime pronunziate col cuore, mostrano la chiarezza del suo intelletto e la moderata oppinione di se medesima, cose in vero pregievolissime, e non sì spesso in una persona sola accoppiate. Due caratteri sono assai da compiangere: l'ignorante ed il prosontuoso. Il primo desta la compassione, il secondo il dispregio. Chi non sa, per povertà d'intelletto, trova nella natura ingrata la scusa, ma chi sa, ed invanisce, perde il merito del sapere, e la volontaria colpa lo aggrava; e siccome ingiusti sono coloro che oltraggiano gl'ignoranti, resi tali o dalla macchina sconcertata, o dalla educazione infelice, così vili e adulatori son quelli che soffrono l'alteriggia di chi dell'intelletto e delle cognizioni acquistate abusa con vanità ed orgoglio. De' due caratteri, che ho accennati, il primo è inutile alla società; ma il secondo è incomodo e fastidioso. Si può facilmente soffrire uno stolido; ma non si può senza sdegno tollerare un altero; e siccome l'immagine più odiosa sopra la terra è quella dell'ignorante, e superbo, non vi è la più amabile oltre quella del dotto ed umile.

Tale è l'E.V. Ne io qui intendo confondere coll'adulazione la lode, spendendo il termine di dottrina per quello che comunemente risuona. La scienza del costume, quella del mondo, quella di noi medesimi credo io preferibile agli studi metodici, che confondono l'intelletto, vincolandolo a duri precetti ordinati da quei che furono prima di noi, quasi che noi non potessimo per avventura pensar meglio di loro. Beati quelli che formano il cuor da se stessi, coll'esempio de' buoni, colla scorta del buon criterio, coll'ammaestramento della sana Filosofia destata in seno dalla Natura, e perfezionata dalla Religione. Con tali buoni princìpi si può leggere senza temer di guastarsi, in quella maniera che le industriose api succhiano da vari fiori quei succhi che più convengono ai loro stomachi delicati, e li convertono in dolce mele. La ragione, per cui molti invaniscono del lor sapere si è perché credono di sapere molto più che non sanno; e perché giunti ad intendere qualche cosa di una scienza all'intelletto loro difficile, si persuadono di possederla, ed alzano la stima di se medesimi al di sopra della ragione. Altrimenti ho scorto io contenersi l'E.V. Ella non ama i studi che adulano l'intelletto, ma quei che perfezionano la volontà; quindi è, che conoscendo per pratica la vera virtù, fa di questa quell'uso che la rende quieta in se stessa, ed amabile alla società.

Quest'elogio ch'io formo a V.E., comecchè comune a tutti quelli che pensano com'Ella pensa, non sembrerà ad alcuni bastante per una Dama nata di sì illustre Sangue, e da un sì sublime nodo legata. Ma lascio altrui la briga di fantasticare a suo senno; se ho da parlare di Lei, non crederei di farle quell'onor, ch'Ella merita, mendicando le lodi dai doni eccelsi della Fortuna. Sa tutto il Mondo, che la Famiglia illustre de' Bentivogli, e sovrana, e privata, vantò in tutti i Secoli Gloria, Dignità, Onori, e tutti sanno egualmente, che unendo un sì gran sangue a quello degli Erizzi, la provvidenza si è meritata anche in ciò le acclamazioni e gl'incensi.

Ma quel, che forma il bene della Repubblica non basterebbe a far Lei felice, se la Virtù non prevalesse nel di Lei animo; ed io per questo seco Lei mi congratulo e le do quelle laudi che dar le posso. La felicità ch'Ella gode, forma quella di chi ha l'onor di conoscerla e di trattarla; ed io, che di un piccolo raggio restai contento, misurar posso il bene di chi le vive dappresso, e molto più del felicissimo Sposo, che la possiede. Iddio, dator d'ogni bene, conoscitore del vero merito e Fonte d'ogni virtù, benedica, e prosperi, e d'ogni grazia ricolmi il Pargoletto che le ha concesso, e sia di consolazione alla Madre; ed ella serva ad esso d'esempio. Cresciuto il caro germe in età, fra le grandezze della Famiglia, e fra gli onori che gli prepara la Patria, se mai gli giungono per avventura i miei volumi dinanzi agli occhi, deh! non isdegni mirarvi impresso il nome grande della sua venerabile Genitrice. Ammiri per una parte l'animo suo benefico e generoso, onde ha Ella fregiato chi di esserle servidore si vanta, e impari da così egregia Maestra che l'onesta Commedia non è spregievole e indegna. Sì, nobilissima Dama, la scienza del buon costume, che voi amate, spicca nelle morigerate Commedie; e da ciò nacque il diletto che in tali opere voi prendete, conoscendo da voi medesima che se io non giunsi alla meta, non cessai almeno di battere questa strada. Il vostro genio felice può incoraggirmi a tentar più oltre i progressi, e già sento validamente animarmi, dacché vi degnate l'offerta di quest'Opera mia benignamente accettare, e l'onore mi concedete di potermi umilmente ed ossequiosamente soscrivere

Di V.E.

Umiliss. Devotiss. Obbligatiss. Servidore

L'AUTORE A CHI LEGGE

Eccoti finalmente, Lettor carissimo, quella Commedia comunemente chiamata *la Terza Ircana*, in grazia delle altre due che precedono. Sono ormai tre anni, che si è sospeso il corso delle mie stampe, ed ora sono ammassati più Tomi che, a Dio piacendo, usciranno metodicamente un dopo l'altro alla luce. Gran parte vi ebbe in questa remora la malattia lunghissima ed indi la morte dell'onorato Editore *Francesco Pitteri*, che Dio Signore nella sua eterna Beatitudine pietosamente comprenda. Merita il di lui bellissimo cuore, e la illibatezza de' suoi costumi, che rimanga di lui onorevole memoria al mondo, per consolazione de' suoi Amici, e per esempio de' buoni. Egli ha sudato mai sempre per il decoroso stato di sua Famiglia, unica sollecitudine delle sue cure e delle sue incessanti fatiche. Non lasciò non pertanto d'interessarsi con vero amore per gli Amici suoi, ed io fra gli altri prove ho avuto costanti e vere della sua perfetta Amicizia, onestà e politezza. Abilissimo egli era nell'arte Libraia, e quantunque a fondo non instruito nell'arti e nelle scienze, sapea distinguere il buono, e conosceva dei libri qualcosa più del frontispizio e dei prezzi. Le protezioni, le aderenze, le amicizie ch'egli ha goduto in vita, onorano la sua memoria, e quanto fu egli amato e stimato vivendo, altrettanto fu compianta universalmente la di lui morte. Vive tuttavia il di lui nome non solo nel cuore e nella bocca de' suoi benevoli, ma nel negozio medesimo ch'ei dirigeva, continuandosi la *Ditta*, o sia *Ragione* medesima; e continueranno con questa anche le opere mie ad uscire dai Torchi.

Nulla dirò, Lettore carissimo, di questa Commedia che or ti presento. Ho detto di lei bastantemente nel produr la seconda. La fortuna ch'ella ebbe sopra le Scene, mi dà coraggio a sperarla gradita ancor nelle Stampe. Pregoti solamente volere un'altra volta considerare quanto sia malagevole impegno sullo stesso Argomento, e cogli stessi caratteri principali, condur tre azioni diverse; e prega il Signore per me, che m'avvalori la fantasia ormai stanca, ma pregalo di cuore, e non ridere, che or non è tempo.

Personaggi

MACHMUT;

TAMAS;

IRCANA;

FATIMA;

OSMANO;

ALÌ;

IBRAIMA;

ZAMA;

LISCA;

BULGANZAR;

SCACH BEY;

VAJASSA;

Un SOLDATO, *che parla;*

Soldati di Osmano, che non
parlano;

Schiave di Machmut, che non
parlano.

ATTO I

SCENA I: *Stanze in casa di Machmut*
MACHMUT *e servi*

MACHMUT: Servi, udite la legge che Machmut v'impone,
Mosso al fiero comando da sdegno e da ragione.
Se intorno a questo tetto Tamas errar si vede,
Di por più non ardisca fra le mie soglie il piede.
L'empio veder non voglio, fin ch'io respiro e vivo;
Del mio amor, del mio nome, d'ogni mio ben lo privo;
In odio al ciel sdegnato, in odio al genitore
Perfido figlio, ingrato, del genitore a scorno
Vada a soffrir la pena di un pertinace amore. *(partono i servi)*
Abbandonar crudele la sposa il primo giorno?
Per riparare ai danni di un'infelice oppressa,
Al generoso Alì ho la sua man concessa;
D'amore o d'amicizia fu provvido il consiglio,

Ma l'odio in me non puote scemar contro del figlio:
Figlio, che fu sinora mia pace e mio diletto,
E in avvenire è forza ch'io l'odii a mio dispetto;
Che se mi piacque in lui della virtude il dono,
Or che virtù calpesta, il suo nemico io sono.

SCENA II: FATIMA *ed il suddetto*

FATIMA: Signore, un de' tuoi servi da Julfa or or venuto
Tamas per via, mi disse, aver testé veduto.
Ircana al fianco ha seco; verrà al paterno tetto
Insulti dall'ingrata soffrire ancor mi aspetto.
Tarda Alì il suo ritorno, di lui sono ancor priva:
Vuole il destino avverso ch'io tremi infin ch'io viva.
Fammi passar, ti priego, pria che s'innoltri il giorno,
D'Alì, benché lontano, all'amico soggiorno.
Alla sua sposa alfine tal libertà è concessa;
Non aspettar vedermi novellamente oppressa.
Deh tu, signor, che tanto per me soffristi, e tanto,
Fatima non esporre d'una nemica accanto!
Per me, sai che vendetta, ch'ira nutrir non soglio;
Ma non so ben d'Ircana quando avrà fin l'orgoglio.

MACHMUT: Fatima, non temere di quel furore insano;
Tamas al patrio tetto spera condurla invano.
Ei non è più mio figlio; nuora soffrir non degno,
Cagion del mio dispetto, principio del mio sdegno.
Vadan raminghi in Persia, vadano erranti al mondo;
Provin fra le sventure dei lor deliri il pondo;
Privarli d'ogni speme giustizia mi consiglia.
Alì viverà meco; Fatima è la mia figlia.

FATIMA: Signore, a me un tal dono so che goder non lice;
Sarei, se l'accettassi, più misera e infelice.
Potrei rimproverarmi, privando altrui d'un bene,
Di meritar gl'insulti, di meritar mie pene.
Finor soffersi in pace destin meco inclemente,
Godendo fra me stessa di un'anima innocente,
E crederei, cangiando il mio costume antico
Giustificar le colpe d'un barbaro nemico.

MACHMUT: Quei che la mia pietade offre a' tuoi merti in dono,

	Son di giustizia effetti, stimoli tuoi non sono.
FATIMA:	Chiamali del tuo sdegno, a vendicarsi intento,
	Oggetti perigliosi, soggetti al pentimento.
	Ora tu miri il figlio colle sue colpe intorno;
	Gli accorderà il perdono tenero padre un giorno:
	Ché lungamente, il sai, sdegno, furor non dura
	Ad onta delle voci di provvida natura.
	Né ti pensar, signore, ch'io condannar pretenda
	Che il tuo paterno amore al sangue tuo si renda;
	Anzi, se forza teco avesse un mio consiglio,.
	Vorrei spingerti io stessa ad abbracciare un figlio
	Che alfin, chi reo lo fece in faccia al genitore,
	Fu il seduttor Cupido, dell'alme ingannatore.
MACHMUT:	Parla così una sposa fin nell'onore offesa?
FATIMA:	Grazie ad Alì, mio sposo, son nell'onore illesa.
MACHMUT:	Ma d'un amante ingrato come soffrire il torto?
FATIMA:	Saper ch'io non lo merto, signore, è il mio conforto.
MACHMUT:	Fatima, la virtude che del tuo cuore è il nume,
	In te produr si vede sì amabile costume.
	Ma la virtude istessa, ch'io pur nutro nel petto,
	Suol per cagion diversa produr diverso effetto
	Tu la pietade ostenti per legge d'amicizia;
	Rigore usar io deggio per obbligo e giustizia.
	Tamas è reo di colpa che merita il mio sdegno;
	È il cuor della rea schiava di mia pietade indegno.
	Se amor li rese uniti, se hanno le colpe insieme,
	Giusto li abborre il padre, giusto il Signor li preme.
	Quel che a ragion mi sembra maggior d'ogn'altro impegno,
	È del feroce Osmano il superar lo sdegno
	Questo tuo genitore meco prevedo irato.
	Per la cagion del figlio, che ti abbandona ingrato;
	E il torto che riceve nell'unica sua figlia,
	So che vorrà si paghi da tutta la famiglia.
	Ma dello sdegno ad onta, è padre, è umano anch'esso:
	Andrò fin nel suo campo ad incontrarlo io stesso
	Gli parlerò sì umile, tanto offrirogli e tanto,
	Che riportare io spero della vittoria il vanto.
	Fatima, addio. Qui resta fin che da Osmano io rieda;
	Fa che più lieta in viso al mio tornar ti veda.

Resta padrona in casa, quale venisti, e sposa:
I doni miei, ti prego, non isdegnar ritrosa.
Voce di cuor sincero ad esclamar ripiglia:
Alì viverà meco; Fatima è la mia figlia. *(parte)*

SCENA III: FATIMA, *poi* ZAMA, IBRAIMA *e* Lisca, *ed altre Schiave*

FATIMA:	Ah qual astro infelice uscir mi fe'alla luce?
	Quale destin protervo della mia vita è il duce?
	Un momento di bene aver non spero al mondo;
	Veggo a ogni mal che arriva, succedere il secondo.
	Non basta che alla sorte m'accheti e mi rassegni,
	Le mie rassegnazioni mi accrescono gl'impegni.
	Ed ora che Machmut farmi dovria contenta
	Temo la mia nemica, e il padre mi spaventa.
IBRAIMA:	Fatima, siam qui tutte a domandar consiglio:
	Di noi che farà il padre, or che fuggito è il figlio?
FATIMA:	Non saprei dirlo, amiche; sopra di voi ragione
	Ha Machmut istesso, ch'è padre e ch'è padrone.
LISCA:	Certo la schiavitudine ad ogni mal prevale.
	Ma un giovine in serraglio servire è minor male.
	Da un padrone avanzato vedere a comandarmi,
	È il peggio a che la sorte or potea condannarmi.
FATIMA:	Quando servir dovete, dell'età sua che importa?
LISCA:	Talor la gioventude ci allegra e ci conforta
	Schiava di un uomo carico e d'anni e di pensieri,
	Fatima, vi stareste voi pur mal volentieri.
FATIMA:	Anche a servir costretta soffrirei la mia sorte
ZAMA:	Eh Fatima ha bel dire, che ha un giovine in consorte!
	E appena un ne ha perduto, un altro ne ha trovato;
	Ed or vivrà contenta, se prima ha sospirato
	Noi altre condannate a vivere in prigione,
	Siam prive dello sposo, e prive del padrone.
IBRAIMA:	Fatima, che ha per noi un cuor tanto amoroso,
	Potrebbeci al serraglio condur del di lei sposo.
FATIMA:	D'Alì non so ben anche qual sia l'inclinazione;
	Seguir potrebbe anch'egli lo stil della nazione.
	Schiave soffrirò in casa senz'onta e senza orgoglio
	Ma ciò co' miei consigli promovere non voglio. *(parte)*

SCENA IV: IBRAIMA, ZAMA e LISCA

IBRAIMA: Sì, sì, l'ho già capita, è docile ed umana,
          Ma serba in tal proposito le massime d'Ircana.
          Esser vorrebbe sola, la compatisco affé;
          Ma in Persia tal fortuna sì facile non è.
LISCA: Che avidità di sposo che han queste donne in seno!
ZAMA: Dovriano agli occhi altrui dissimularla almeno.
IBRAIMA: Pensiamoci un po' bene, e giudichiam dappoi.
          Se fossimo in tal caso, che si faria da noi?
          Se in luogo d'esser schiave fossimo noi le spose,
          D'una rivale amata non saremmo gelose?
LISCA: Che fareste voi, Zama?
ZAMA: Lisca, voi che fareste?
LISCA: Lo stesso anch'io direi; voi lo stesso direste.

SCENA V. BULGANZAR e dette

BULGANZAR: Posso venir?
IBRAIMA: Sì, vieni.
LISCA   Vien, Bulganzar garbato.
ZAMA: Racconta qualche cosa.
IBRAIMA: Narraci quel ch'è stato.
BULGANZAR: Che volete ch'io narri? Questa è la conclusione:
            Ircana finalmente consorte è del padrone.
IBRAIMA: Eccole tutte due contente in un sol dì.
            Una sposato ha Tamas, l'altra ha sposato Alì.
BULGANZAR: Parvi che sien contente ai lor mariti appresso;
            Ma le disgrazie loro hanno principio adesso.
            Ircana, che ha ottenuto quel che ottener volea,
            Irata, come prima, veduto ho che fremea.
            Lo sa che in questa casa venir le fu interdetto;
            Sa che Fatima ancora dimora in questo tetto.
            Gettarsi ella vorrebbe del suocero alle piante;
            Ma ancor le dà sospetto di Fatima il sembiante;
            Ed ha che la tormentano, senza ascoltar ragione,
            La gelosia da un lato, dall'altro l'ambizione.
ZAMA: Prego il ciel che non torni.

LISCA:	Or sì, s'ella vi viene
	Col nome di padrona, con lei si starà bene!
IBRAIMA:	Meglio per noi, che avesse Fatima a restar qui.
BULGANZAR:	Ora è in un bell'imbroglio anche il povero Alì.
IBRAIMA:	Perché?
BULGANZAR:	Chi sa se Osmano, l'altrier da noi partito,
	Contento è ch'egli sia di Fatima marito?
	V'è una gran differenza di Tamas dallo stato
	A quello di costui, che meno è fortunato.
	Egli al campo vicino a ritrovarlo andò;
	Ma che ritorni vivo promettere non vuo'.
	Osmano è una bestiaccia; se scaldasi il cervello,
	Rimanda senza testa il genero novello.
LISCA:	Per Fatima la cosa brutta sarebbe affé,
	Vedova andar due volte in men di giorni tre.
IBRAIMA:	Perché andar egli stesso? Altri dovea mandar;
	Era men mal che andato fossevi Bulganzar.
BULGANZAR:	Brava; perché s'avesse dunque con me sfogato
IBRAIMA:	Se teco si sfogava, che mal sarebbe stato?
	Al mondo poco preme d'un uom come sei tu.
	Tu sei su questa terra un mobile di più. *(parte)*
BULGANZAR:	Sentite come parla colei con un par mio?
LISCA:	Caro il mio Bulganzar, penso così ancor io.
	Un albero incapace di rendere buon frutto,
	È ben che dalla terra si sradichi del tutto.
BULGANZAR:	Che ti venga il malanno.
ZAMA:	Non ti sdegnare, amico.
	Si sa che tu nel mondo non servi che d'intrico.
	Un uom che ha la consorte, da lei non s'ha a dividere:
	Se muore Bulganzar, è un uom che fa da ridere. *(parte)*
BULGANZAR:	Maltrattano le donne con sprezzo e villania,
	Ma alfin, se son qual sono non è per colpa mia.
	Eppure intesi a dire vi sieno in altri stati
	Degli uomini miei pari, e ricchi e fortunati.
	Se avessi bianco viso, andar vorrei lontano,
	A far la mia fortuna da musico soprano.

SCENA VI: *Campagna rasa con veduta della porta della città d'Ispaan.*
TAMAS *ed* IRCANA, *passeggiando ambidue alcun poco senza dir nulla*

IRCANA:	Tamas, che pensi?
TAMAS:	Ah penso dove trovare onesto
	Luogo per ricovrarci.
IRCANA:	Non ti smarrir per questo.
	Lungi da questo cielo errar non mi confondo.
	Vivesi dappertutto. Patria di tutti è il mondo.
TAMAS:	Perché resisti, Ircana, se ritentar mi affretto
	Del genitor che m'ama di ritornare al tetto?
IRCANA:	Tamas non ti sovviene ch'ivi colei dimora
	Che fu tua donna un tempo, e mia nemica è ancora?
TAMAS:	Sposa è d'Alì.
IRCANA:	Ma invano speri ch'estinto in petto
	Abbia ver me lo sdegno, abbia per te l'affetto.
	Fin che colei dal fianco di Machmut non riede,
	Non ti pensar ch'io porti a quelle soglie il piede.
TAMAS:	Pria di lasciar la patria per procacciare i stenti,
	Vuol la ragion che almeno il genitor si tenti.
IRCANA:	Va, se ti cale, ingrato, d'un ben per me perduto.
	In faccia al padre offeso rinnova il mio rifiuto.
	Se più della mia destra gli agi paterni apprezzi,
	Ricompra la tua pace al suon de' miei disprezzi.
	Fammi veder che a forza, alla mia destra unito,
	L'ombre ti fer mio sposo, ti alzi col sol pentito.
	E che, per uso, avvezzo cambiar sposa ed amante,
	I tuoi sospir son frutti di un'anima incostante.
TAMAS:	Non si aspettava, Ircana, Tamas fra i mali suoi
	Rimprovero sì acerbo udir dai labbri tuoi.
	Tu, crudel, mi rinfacci la sposa abbandonata?
	Tu della mia incostanza, tu mi favelli, ingrata?
	Giacqui con lei fra l'ombre, l'abbandonai col sole.
	Per seguir te, dolente lascio d'Osman la prole.
	Teco la mia passione mi torna ai primi lacci,
	E la mia debolezza, crudel, tu mi rinfacci?
	Ah, se ti amassi meno, questo rimbrotto amaro
	Farmi potria pentire
IRCANA:	No, non pentirti, o caro.
	Scusa l'amor che in questi momenti ancor primieri
	Sforza talor ch'io tema, opra talor ch'io speri.

	So che piacer tu prendi nel vagheggiar miei lumi,
	So che il rigor sapesti soffrir de' miei costumi.
	E non vorrai spiacermi, e mi trarrai dal petto
	Ogni ombra di timore, ogni ombra di sospetto.
TAMAS:	Tanto desio star teco, tanto il tuo amor mi preme,
	Che pria di dispiacerti teco penar vo' insieme.
	Faccia di me ancor peggio barbara sorte ultrice,
	Mi basta viver teco per essere felice.
	Andiam peregrinando per balze e per foreste:
	Fuggiam da queste piagge orribili e funeste.
	Adatterò la mano fino all'aratro istesso,
	Per procacciarmi il pane alla mia sposa appresso;
	Servir non mi fia grave fin l'inimico, il Trace,
	Purché menare io possa teco i miei giorni in pace.
IRCANA:	Tu servir? tu smarrire di libertà il tesoro?
TAMAS:	Bastami che tu mi ami.
IRCANA:	Idolo mio, ti adoro.
	(si scostano alquanto in atto di lacrimare in segreto)
TAMAS:	Oh forza di destino!
IRCANA:	Oh tenerezza, oh amore!
	Mira chi a noi sen viene.
TAMAS:	Stelle! il mio genitore.
	(si accosta verso la scena per nascondersi)
	Non ho cuor di mirarlo. Troppo mi rende afflitto,
	In faccia al padre mio, l'idea del mio delitto.
IRCANA:	Qual delitto? Sposarmi colpa tu credi, ingrato?
	Torna, se così pensi, nel libero tuo stato.
TAMAS:	Ma per pietà, crudele, cessa di tormentarmi.
IRCANA:	Va, Machmut si avanza.
TAMAS:	Ah chi potrà salvarmi?
	Tremo dell'ira sua.
IRCANA:	Celati.
TAMAS:	E poi?
IRCANA:	Riposa
	Sul poter d'una donna, sull'amor di una sposa.
TAMAS:	Idolo mio...
IRCANA:	Ti cela, lascia a me il provvedere.
	Il mio voler si faccia
TAMAS:	Facciasi il tuo volere. *(parte)*

SCENA VII: IRCANA *poi* MACHMUT *con alcuni Servi che l'accompagnano*

IRCANA:	Ah che talor, lo veggo, son tormentosa a torto;
	Ma l'inquieto costume fin dalla culla io porto.
	Amor però del mio, no, maggior, non si trova;
	Venga l'amor, ch'io nutro, colla fierezza in prova.
	Tenti un pietoso inganno d'intenerir quel ciglio.
MACHMUT:	(Qui la perfida Ircana?) Empia, dov'è mio figlio?
IRCANA:	Al genitor dolente nuova funesta io porto.
	Ah il figlio tuo...
MACHMUT:	Che avvenne?
IRCANA:	Il tuo diletto è morto.
MACHMUT:	Morto Tamas? oh Numi! la vista, ahi, mi si oscura.
	Ah de' miei sdegni ad onta langue in me la natura.
	Tu senza pianto agli occhi, barbara, lo dicesti?
	Il figlio mio chi ha ucciso?
IRCANA:	Crudel! tu l'uccidesti.
MACHMUT:	Io l'uccisor del figlio? No, perfida, il mio sdegno
	L'odiai sposo infedele, l'odiai di te consorte:
	Seco a ragion mi accese, ma non fino a tal segno.
	Sì che bramai punirlo, ma non colla sua morte.
	Tu, di furore accesa, perfido core ingrato,
	Per vendicar tuoi scorni, tu l'averai svenato.
IRCANA:	No, di sua mano istessa Tamas ferir si vide.
	Muoio, diss'ei cadendo, e il genitor mi uccide.
	Sì, il padre mio, soggiunse, padre inumano, ingrato,
	Che del mio cuore ad onta, m'ha all'imeneo forzato;
	Pianger, pregar non valse del genitore al piede,
	Seco vantar fu vano l'amor mio, la mia fede;
	Strinsi l'odiata sposa a mio dispetto al seno:
	Sarà contento il padre, sarà contento appieno.
	Ecco *(alzando la destra)*, ecco il tremendo effetto...
MACHMUT:	Ah tu, crudel, lasciasti ch'ei si ferisse il petto?
IRCANA:	Sì, a quella vista, in seno intenerir m'intesi,
	Ma dal tuo cuore istesso a incrudelire appresi.
	Dissi fra me in quel punto: s'io lo sottraggo a morte,
	Sposo di me infelice, qual sarà la sua sorte?
	Esule, in odio al padre, senza soccorso e amici,

Meco dovrà, vivendo, menar giorni infelici.
Pria di penar coll'odio del genitore intorno,
Di lunga etade i danni finiscano in un giorno.
Ei mi preceda a morte, lo seguirò fra poco:
Vivremo entrambi uniti per sempre in miglior loco.
Giace colà fra i tronchi il figlio tuo ferito,
E di seguirlo è pronto il mio coraggio ardito.

MACHMUT: Tamas, se spiri ancora, il mio soccorso aspetta;
Vedrai nel sangue mio, vedrai la tua vendetta.
Sulla caduta spoglia voglio morir...
(avviandosi verso la scena)

IRCANA: Signore, *(arrestandolo)*
Giunge il figliuolo estinto a impietosirti il core?
Morto lo piangi, e in vita d'odio nutristi il vanto?

MACHMUT: Ah! non credea che il perderlo mi avesse a costar tanto.
Lasciami andar.

IRCANA: Ti arresta; gente pietosa accorse
All'infelice appresso, della sua vita in forse.

MACHMUT: Morto non è?

IRCANA: No, ancora a palpitar lo vidi.
Ma se ti mira e trema, col suo timor l'uccidi.
Rustica man con l'erbe lascia che a vita il renda,
E della cura il fine dal nostro cor si attenda.

MACHMUT: Deh, al genitore il figlio pietoso ciel ridoni.

IRCANA: Se lo rivedi in vita, signor, di', gli perdoni?

MACHMUT: Sì, l'amor mio mel chiede.

IRCANA: Spera che il ciel pietoso
Ricompensar non lasci quest'amor generoso.
Prendi il duol che provasti qual pena al tuo rigore:
La gioia inaspettata premio sia dell'amore.

MACHMUT: Che a rivederlo almeno vada tra fronda e fronda...

IRCANA: Odi, pria di vederlo, ed il tuo cuor risponda
Se gli perdoni, e teco lo guidi alle tue porte,
Che sarà poi di questa sua misera consorte?

MACHMUT: Fa ch'egli viva, e spera.

IRCANA: Sì, Machmut pietoso;
Spero nel cuor d'un padre benefico, amoroso
Parmi veder fra l'ombre di quelle piante... è desso:
Tamas, Tamas, deh vieni al genitore oppresso.

(chiamandolo)
Eccolo ch'egli vive, il cielo a te il ridona. *(a Machmut)*
Tamas, ritorna in vita. Il padre a noi perdona.

SCENA VIII: TAMAS *e detti*

TAMAS:	Eccomi a' piedi tuoi. *(si getta ai piedi di Machmut)*
MACHMUT:	Tamas, ritorna in vita.
	Dove, mio caro figlio, dov'è la tua ferita?
TAMAS:	Deh, genitor perdona l'arte pietosa, umana;
	La mia ferita ho al cuore, la feritrice è Ircana.
	Sì, mi piagar quei lumi della fedel consorte,
	E il tuo rigore, o padre, darmi potea la morte.
	Ella il tuo cuor calmando, porse al mio male aita;
	Tu, genitor pietoso, tu mi richiami in vita.
	(Machmut guarda confusamente Tamas e Arcana)
IRCANA:	Ecco di nuova colpa rea questa donna ultrice;
	Ma se ti rende un figlio, per te colpa è felice.
	Tu l'odieresti ancora, se il mio pietoso inganno
	L'odio non ti cambiava in amoroso affanno.
	Ma se lodata è l'opra, allor che giova e piace,
	Deesi punir talora chi meditolla audace?
	Tu perdonasti al figlio sia la tua gioia intera.
	Tamas trionfi, e Ircana sia condannata e pera.
	(Machmut guarda i due come sopra)
TAMAS:	Padre, possibil fia?
IRCANA:	Non domandargli in dono
	La vita di una rea, chiedi per te il perdono,
	Prostrati innanzi a lui; della tua sposa esangue
	Di' che gli basti il pianto, di' che gli basti il sangue.
TAMAS:	Deh genitor, la vita... *(inginocchiandosi)*
IRCANA:	Suocero, a me la morte. *(inginocchiandosi)*
MACHMUT:	(Resistere chi puote? ah, non ho il cuor sì forte).
	Sorgete
TAMAS:	Sperar posso il padre mio placato?
IRCANA:	Sì, ti perdona il padre: meco fia solo irato
MACHMUT:	Perfida! dal tuo cuore sperar se si potesse...
	Ah tu sei fortunata fin nelle colpe istesse.

SCENA IX: ALÌ *e detti*

ALÌ   Salvati, Machmut: Tamas, ti salva, amico.
                              Torna Osmano furente, di me, di voi nemico.
                              Fatima non consente mirar d'Alì consorte;
                              Lascia il campo e minaccia stragi, ruine e morte.

MACHMUT: Tardi ver lui mi volsi colla vendetta in mano.
                              Senza placarlo in prima, qui non si attenda Osmano.
                              Tornisi in Ispaan nelle paterne mura;
                              Figlio, fa che tua vita sia salva e sia sicura.
                              Alì, salvati meco; vieni tu pure, indegna. *(ad Ircana)*
                              Ah non so dir qual astro a tuo favor m'impegna.*(parte)*

ALÌ: Pria che qua giunga il duce, noi ricovrar ci giovi.

TAMAS: Deh vieni meco, Ircana; Osman qui non ci trovi.

IRCANA: Misera! in tale stato non so quel ch'io mi faccia.
                              Ho l'inimico a tergo. Vo alla rivale in faccia.
                              Ma in quelle soglie ancora, se al mio valor non manco,
                              Spero vedermi un giorno senza nemici al fianco.

ATTO II

SCENA I: Stanza in casa di Machmut
MACHMUT, TAMAS, ALÌ, *Servi e Soldati*

MACHMUT: Voi, domestiche guardie, voi, militari armati,
                              Alle regie finanze dal Visir deputati,
                              E voi, servi miei fidi, pronti in ogni ardua impresa,
                              Di me, di queste soglie vegliate alla difesa.
                              Armi non mancheranno, non munizion da guerra;
                              Se l'inimico assale, cada il nemico a terra.
                              Parte di voi coll'armi formi nel centro un forte,
                              Altri i giardin difendano, altri le doppie porte.
                              Sieno appostati alcuni alle finestre, ai fori,
                              Respinti in ogni lato gli audaci assalitori.
                              Quadruplicato il prezzo avran da me guerrieri;
                              Premio prometto ai servi che pugneranno alteri;
                              E chi più franco e ardito l'armi trattar si vede,

Più generosa aspetti da me la sua mercede.
Agli armati che or sono all'uopo mio concessi,
I regi moschettieri si accoppieranno anch'essi;
E troverà sì forte difesa a noi d'intorno,
Che al campo, onde partissi, Osman farà ritorno.
Tamas, Alì, voi meco a vigilar restate:
Servi, amici, guerrieri, a prepararvi andate.
(partono i servi e i soldati)
Figlio, vedi a qual passo per te son io ridotto?
Per tua cagione Osmano vien da furor condotto.
Ti perdonai, non voglio render la pace amara;
Ma dall'esempio almeno a regolarti impara.

TAMAS: Conosco i falli miei, condanno i miei trascorsi;
In mezzo a' miei contenti mi turbano i rimorsi.
Scordati, per pietade, quanto potei spiacerti;
Rendimi il primo affetto.

MACHMUT: Perfido, non lo merti

TAMAS: Ah se così mi parli, se non rimetti il figlio
Nell'amor tuo primiero, torno al fatale esiglio.
Non so mirar del padre dubbio ver me l'aspetto;
Nel tuo cuor mi rimetti?

MACHMUT: Basta... Sì, ti rimetto.
Fa che un novel costume ogni tua colpa emendi.

TAMAS: Che della tua bontade grato mi mostri, attendi. *(parte)*

ALÌ: Degna del tuo bel cuore è la pietade offerta.
Chi del tuo amore abusa, i doni tuoi non merta.
Tamas che li conosce, Tamas intenerito
Da tua bontade estrema, è dell'error pentito
Quanto spiacer ti ha dato, preso da amor consiglio
Tanto piacer daratti. Sì, rasserena il ciglio. *(parte)*

SCENA II: MACHMUT, *poi* BULGANZAR *e* VAJASSA

MACHMUT: Miseri genitori! usasi ogni arte, ogni opra,
Che la ragion nei figli folle passion non copra;
Sdegni, castighi ed onte lor si minaccia e intima,
Ma dopo il fallo ancora parla l'amor di prima.
Padre se stesso inganna, se disamar procura:
Vince ogni sdegno alfine l'affetto e la natura.

BULGANZAR:	Signor, per le tue donne trovata ho una custode
	Che merita ogni stima, che merita ogni lode.
	Vecchia, ma non schifosa, non pazza e non ingorda;
	Non ha che un sol difetto, è un poco un poco sorda.
MACHMUT:	Dov'è costei?
BULGANZAR:	Ti accosta. *(a Vajassa)*
VAJASSA:	Cosa dici?
BULGANZAR:	Ti accosta.
	(le fa cenno che venga innanzi)

VAJASSA:	*(Si avanza)*
MACHMUT:	Sei tartara, o persiana?
BULGANZAR:	Via, non gli dai risposta?
VAJASSA:	Cosa ha detto?
BULGANZAR:	Se sei di Persia o Tartaria. *(forte)*
VAJASSA:	Oh son di più lontano. Son nata in Barbaria.
MACHMUT:	Come in Persia venuta?
VAJASSA:	In Persia, signor sì.
MACHMUT:	Il tuo nome?
VAJASSA:	Trent'anni saran ch'io sono qui.
BULGANZAR:	Il tuo nome ti chiede. *(forte)*
VAJASSA:	Vajassa è il nome mio;
	Avvezza a custodire le femmine son io.
	Sotto di me le schiave riescono brave e buone,
	E fo che soprattutto rispettino il padrone.
	Se mormorar vorranno... l'occhio terrò attentissimo,
	E se parleran piano, le sentirò benissimo.
MACHMUT:	Credo di no.
VAJASSA:	Che ha detto? *(a Bulganzar)*
BULGANZAR:	Che non gli par.
VAJASSA:	Che dici?
BULGANZAR:	Che sei sorda. *(forte)*
VAJASSA:	Va, pazzo; ho due orecchie felici.
MACHMUT:	Fin che troviam di meglio, costei resti all'uffizio. *(a Bulganzar)*
VAJASSA:	Cosa dice? *(a Bulganzar)*
BULGANZAR:	Ti ferma custode al suo servizio. *(forte)*
VAJASSA:	Sì, signor, per servizio anch'io la grazia accetto,
	E della mia custodia vedrete il buon effetto.
	Non lascierò venire nessun, fin ch'io ci sono:

	Tu pur ti farò stare lontan, poco di buono; *(a Bulganzar)*
	Perché voi altri eunuchi, se altro mal non ci fate,
	L'odore di bestiaccia là dentro ci portate.
MACHMUT:	Sien da costei per ora le donne custodite;
	Di te per cenno mio di ciò sieno avvertite.*(a Bulganzar)*
	Di sordità il difetto soffribile è in costei,
	Se abilità s'accoppia e fedeltate in lei. *(parte)*

SCENA III: VAJASSA *e* BULGANZAR

BULGANZAR:	Hai capito? *(forte)*
VAJASSA:	Ho capito
BULGANZAR:	Anderà ben così? *(forte)*
VAJASSA:	(Non ho inteso parola). Io crederei di sì.
BULGANZAR:	Vado ad unir le donne, che son fra queste porte
	Sparse di qua e di là.
VAJASSA:	Parla un poco più forte.
BULGANZAR:	Non ci senti? *(forte)*
VAJASSA:	Ci sento.
BULGANZAR:	Se seguiti così,
	Ci vuole una trombetta.
VAJASSA:	Trombetta? Eccola qui!
	Nelle giornate umide certa flussion mi viene...
	Grazie al ciel, non son sorda, ma non ci sento bene:
	Parlami in questa canna, che sentirò assai più.
BULGANZAR:	Proviamo. *(parla nella canna all'orecchio di Vaiassa)*
VAJASSA:	Non è vero, un bricconcel sei tu.
	Oibò che baronate! uh che cose da foco!
	Non voglio sentir altro... Seguita un altro poco.
	(mostrando che Bulganzar le dica all'orecchio delle impertinenze)
	Sì, va a chiamar le schiave; bene, le spose ancora.
	Ti aspetterò. Sta zitto. Che dici in tua buon'ora?
	Oh che briccon! Va via; tu mi hai solleticata.
BULGANZAR:	(Curcuma in questa vecchia mi par che sia rinata).

SCENA V: VAJASSA

VAJASSA:	Oh che disgrazia è questa, aver perso l'udito!
	Meglio per me sarebbe un occhio aver smarrito

Quando le genti parlano, ed io non so di che,
Dubito che fra loro discorrano di me.
E arrabbio dal dispetto di non poter sentire,
E son la mia disgrazia forzata a maledire.
Oh non si tien da conto salute in gioventù,
E poscia vi si pensa quando non si può più.
Ho fatto de' strapazzi, che a dirli ora ho vergogna,
E in questa età canuta penar, soffrir bisogna;
E sino in faccia mia, più di un briccon si prova
A dir: peccati vecchi, e penitenza nuova.

SCENA V: IBRAIMA, ZAMA *e detta*

IBRAIMA:	Eccola la custode. Mirala, brutta e antica.
ZAMA:	Sia come esser si voglia, ci giova averla amica.
	Diciamle qualche lode all'uso del paese.
VAJASSA:	Eccole; se son buone, anch'io sarò cortese.
ZAMA:	O saggia, o venerabile, degnissima matrona,
	O tal che fra le donne ha merto di corona,
	O degna d'obbedienza, o degna di rispetto,
	Il ciel vi dia salute.
VAJASSA:	Che cosa avete detto?
ZAMA:	Vi offersi il cuor sincero, rispetto e obbedienza,
	Lasciate che vi baci la man per riverenza. *(le bacia la mano)*
VAJASSA:	Brava la mia figliuola; così vi vorrò bene. *(a Zama)*
	E voi non vi degnate di far quel che conviene? *(a Ibraima)*
IBRAIMA:	Il cielo vi conceda e pace e sanità,
	E facciavi vedere di Nestore l'età.
	Mantengavi, qual siete, il ciel robusta e forte,
	E bella, e spiritosa.
VAJASSA:	Dite un poco più forte.
IBRAIMA:	È sorda. *(a Zama)*
ZAMA:	Me ne accorsi. *(a Ibraima)*
VAJASSA:	Non vo' si parli piano.
IBRAIMA:	Prometto d'obbedirvi, e baciovi la mano.*(le bacia la mano)*
VAJASSA:	Così mi piacerete, per voi sarò amorosa.
	(Vedersi rispettare è pur la bella cosa!)
IBRAIMA:	Io vado a ritirarmi.
ZAMA:	A ricamare io vo.

VAJASSA:	Se mi vorrete bene, anch'io ve ne vorrò.
IBRAIMA:	Son giovane discreta.
ZAMA:	Conosco il dover mio.
IBRAIMA:	Or madre mia voi siete.
ZAMA:	Son vostra figlia anch'io.
VAJASSA:	Andate a ritirarvi, or or sarò da voi.
IBRAIMA:	Stiam ben con questa sorda. *(piano a Zama)*
ZAMA:	Anzi, meglio per noi: *(a Ibraima)*
	Potremo a nostra voglia parlar liberamente. *(parte)*
IBRAIMA:	Sì, sì, potrem la vecchia burlare impunemente.*(parte)*

SCENA VI: VAJASSA *poi* LISCA

VAJASSA:	Cosa mai hanno detto? oh sordità infelice!
	M'arrabbio se non posso sentir quel che si dice.
LISCA:	(Eccola qui la sorda che Bulganzar mi ha detto.
	Forte convien parlare se intorno ha un tal difetto).
VAJASSA:	(Un'altra donna è qui).
LISCA:	(Vo' farle un complimento).
	Madre mia, vi saluto. *(forte nell'orecchio)*
VAJASSA:	Non strillate, ci sento.
LISCA:	Scusate, mi hanno detto che poco ci sentite
	Perciò parlai sì forte.
VAJASSA:	Come? che cosa dite?
LISCA:	D'aver parlato forte io vi dicea il perché.
	Scusatemi, vi prego, se non è vero.
VAJASSA:	Che?
LISCA:	(È sorda, e non vuol esserlo). Ci parlerem dappoi. *(forte)*
VAJASSA:	Ci parlerem, v'ho inteso, quando vorrete voi.
LISCA:	Vi riverisco intanto.
VAJASSA:	Che cosa?
LISCA:	Riverente.
VAJASSA:	Voi avete una voce che non capisco niente.
LISCA:	Dico che vi saluto. *(forte)*
VAJASSA:	E sol per salutarmi,
	Bisogno c'era dunque di tanto incomodarmi?
	Anche nelle parole io voglio economia.
	Quando che si saluta, s'inchina, e si va via.
LISCA:	*(s'inchina)* (Mi fa crepar di ridere la vecchia sgangherata).

(parte)

SCENA VII: VAJASSA, *poi* FATIMA *ed* IRCANA

VAJASSA:	Al mover della bocca mi par m'abbia burlata;
	Affé, se me ne accorgo, farò quel che far soglio.
	Son sorda, sì, son sorda, ma esserlo non voglio.
FATIMA:	(La novella custode render mi voglio amica)
IRCANA:	(Vo' prevenir la vecchia... Stelle! la mia nemica!)
FATIMA:	(Ircana qui? mi assale un tremore improvviso). *(vedendo Fatima)*
IRCANA:	(Sento accendermi il sangue nel rimirarla in viso).
VAJASSA:	(Non si degnan costoro far meco il lor dovere?)
FATIMA:	(Temo il parlar funesto, parmi viltà il tacere).
IRCANA:	(Non vuo' mostrar partendo timor de' sdegni suoi).
VAJASSA:	Via, quel che l'altre han fatto, fate con me anche voi.
	(a Fatima ed Ircana)
IRCANA:	(Non ho cor di mirarla).
	(guardando un poco Fatima,indi voltandosi con smania)
FATIMA:	Freme ancor per dispetto).
	(guardando un poco Arcana, indi voltandosi)
VAJASSA:	(Che sembri agli occhi loro sì orribile d'aspetto?)
IRCANA:	(Coraggio). In queste soglie, Fatima, non comprendo
	Come Alì ti trattenga. *(a Fatima)*
VAJASSA:	Forte, che non intendo. *(A Ircana)*
FATIMA:	Stupisco anch'io non meno, come fra queste porte
	Machmut ti conduca.
VAJASSA:	Parla un poco più forte. *(a Fatima)*
	Ora con questa canna...
	(si pone la canna all'orecchio, e si accosta ad Ircana)
IRCANA:	(Preveggo il mio periglio).
	(da sé, non badando a Vajassa)
VAJASSA:	Superba. *(A Ircana)*
	Parla qui... *(a Fatima accostando la canna)*
FATIMA:	(D'uopo avrei di consiglio). *((da sé non badando a Vajassa)*
VAJASSA:	Ardite vanarelle, parlar non mi volete?
	Meco così si tratta? Voi me la pagherete. *(parte)*

SCENA VIII: IRCANA *e* FATIMA

FATIMA:	Qual stravagante umore nella custode io veggio!
	Spiacemi se al governo star della vecchia io deggio.
IRCANA:	Qual siasi la custode premer dovriati poco:
	D'Alì dovrà la sposa passar in altro loco.
FATIMA:	Vuole Machmut ch'io resti quivi allo sposo unita:
	A parte de' suoi beni noi, generoso, invita.
	Torna ver me sdegnato il padre mio furente,
	Machmut mi difende.
IRCANA:	E Tamas vi acconsente?
	E Fatima, che in seno ha virtù peregrina,
	Di vivere non teme al giovane vicina? *(con ironia)*
FATIMA:	Sazia non sei tu ancora di provocarmi a sdegno?
	Giunta ti vidi, Ircana, delle tue mire al segno.
	Tamas è sposo tuo, sei del suo cuor signora;
	Sola trionfi e godi, e non ti basta ancora?
IRCANA:	No, non mi basta: il cuore debole in lui conosco,
	Facile amor vi sparge per leggerezza il tosco.
	E sempre, a te vicino, aver degg'io sospetto
	Che possa l'incostante dividere l'affetto.
FATIMA:	Fai torto ai pregi tuoi, temendo il mio potere,
	Ma sono i tuoi rimorsi che ciò a te fan temere;
	Paventi giustamente mirare alfin pentito
	Del laccio lusinghiero un cuor che mi hai rapito.
IRCANA:	Tu d'involar pensavi cuor che a me si aspettava.
FATIMA:	Sposa di lui fui scelta; ceder dovea la schiava.
IRCANA:	Ora di schiava il nome cambiato ho in quel di moglie;
	Son del suocero in casa, padrona in queste soglie.
FATIMA:	Sì, di Fatima in grazia, che per pietà sottratto
	Ha il tuo seno alla morte.
IRCANA:	Per ambizion l'hai fatto.
	Colla pietà che meco dissimulando usasti,
	Del padre e dello sposo l'amor ti guadagnasti.
	L'arte conobbi allora del tuo disegno ascoso.
FATIMA:	Arte per te felice, che ti diè vita e sposo.
IRCANA:	Sì, del tuo cuore ad onta, Tamas è sposo mio.
FATIMA:	Non mel vantare in faccia, che la cagion son io.
IRCANA:	Merito invan pretende l'involontaria aita.

FATIMA:	Gratitudine merta chi serba altrui la vita.
IRCANA:	Via da me che pretendi? Tu mi salvasti, è vero,
	Colla pietà coprendo l'idea del tuo pensiero.
	L'opera tua giovommi; pensar deggio a premiarla.
	Vuoi per mercé lo sposo? Vuoi ch'io tel renda? Parla.
FATIMA:	No, non pretendo un cuore che abbandonommi ingrato.
	Lieta son io di sposo che mi concede il fato.
	Tamas sia tuo per sempre, fin che tu resti in vita;
	Basta che tu mi parli meno orgogliosa e ardita.
	Bastami dal tuo seno ogni livor rimosso;
	Venderti a minor prezzo le mie ragion non posso.
	Non nego esserti amica, non temo i sdegni tuoi;
	Amami, se ti cale, odiami, se tu vuoi.*(parte)*

SCENA IX: IRCANA, *poi* TAMAS

IRCANA:	E soffrirò vedermi sempre orgogliosa in faccia,
	Donna che a mio rossore si vanta e mi rinfaccia?
	E soffrirò il periglio che alla rivale appresso
	M'insulti e mi rimproveri anche lo sposo istesso?
	No, vo' partire; e meco Tamas da queste porte
	Tragga veloce il piede, o mi condanni a morte.
	Eccolo. Oh Dei! con Fatima parla l'ingrato. Ah indegno!
	Sugli occhi miei? sì poco a lui cal del mio sdegno?
	Ah saprò la rivale ferir fra le sue braccia,
	La svenerò ben anche di Machmut in faccia.
	(movendosi furiosamente verso la scena)
TAMAS:	Dove così furente?
IRCANA:	A vendicar quei torti
	Che fin sugli occhi miei, per mio rossor, mi porti.
TAMAS:	Fermati.
IRCANA:	O andiam per sempre lungi da questo tetto,
	O mi vedrai quel seno ferire a tuo dispetto.
TAMAS:	Modera quello sdegno che in te soverchio abbonda.
	Qui d'amor non si parla. Noi Osmano circonda.
	Vien cogli armati suoi, e delle guardie ad onta
	Stragi minaccia e morte, e chi si oppone affronta.
	Fatima vidi, e seco non favellai d'amore,
	Ma del furor che guida per essa il genitore.

	Ella che disarmato l'ha con i pianti suoi,
	Ella col pianto istesso lo può placar per noi.
IRCANA:	Sì, può placare il padre seco furente invano,
	Basta che tu le renda l'onor della tua mano.
	Osmano entrar vedrassi amico in queste porte,
	Al suon di mie catene, o a quel della mia morte.
	Salvisi Machmut, Tamas si salvi, e pera
	Quest'infelice sposa che ti possiede altera.
	Va, compra la tua pace col sagrifizio indegno,
	E plachi il sangue mio del Tartaro lo sdegno.
TAMAS:	No, cara, non temere ch'io ti abbandoni a Osmano.
	Morrò pria di lasciarti.
IRCANA:	Qui tu lo speri invano.
	Comanda in queste soglie sdegnato il genitore,
	Consigliavi e promove di Fatima l'amore.
	Alì col fido amico troppo è cortese e umano,
	È nell'onore offeso per mia cagione Osmano.
	Tutti nemici miei, tutto al mio mal congiura:
	Altro non vi è rimedio che uscir da queste mura.
TAMAS:	Ah che il furor ti accieca. Qual scampo al rio perielio
	Trovar, se ci esponiamo primi di Osmano al ciglio?
	Allor la sua vendetta noi fuggiremmo invano,
	Caduti per sventura all'inimico in mano.
IRCANA:	Vile che sei! quel ferro a che ti cingi al fianco?
	Va, l'inimico affronta; va risoluto e franco.
	E se valor ti manca per assalir quell'empio,
	Coraggio in te risvegli di femmina l'esempio.
	Dammi una spada. Io stessa, di cento spade a fronte,
	T'insegnerò la via di vendicar nostr'onte.
	E se il valor non basta, e se perir bisogna,
	La morte è minor male che il torto e la vergogna.
	Tamas, o vieni meco ad assalire Osmano,
	O attenderlo vilmente meco tu speri invano.
	Sì, là esporrommi al campo, sola d'Osmano al piede;
	Cadrò vittima ardita del mio amor, di mia fede.
	O disarmar l'audace saprò donna orgogliosa.
	O morirò fra l'armi, ma morirò tua sposa.
TAMAS:	Non cimentarti, Ircana, non incontrar ruine.
	Sei coraggiosa e forte; ma sei femmina alfine.

IRCANA:	Femmina sono, è vero, mancar mi può il valore,
	Ma tal son io che in petto più di te forte ha il cuore
	Se non vedermi esposta vuoi sola al furor cieco,
	Vieni col ferro in mano, vieni a pugnar tu meco.
	Fa che gli amici armati, a trepidar non usi,
	Restar fra queste soglie non veggansi rinchiusi.
	Esci di loro a fronte; io sarò teco al lato.
	Tremi di noi quell'empio barbaramente armato.
	Spada a spada si opponga, destra si opponga a destra:
	Esser suol nei perigli disperazion maestra.
	Attenderlo qua dentro è di viltade un segno:
	Le leggi, chi non opra, attenda dal suo sdegno.
	O vincere o morire mi alletta e mi consola:
	O vieni a pugnar meco, o vado a morir sola. *(parte)*
TAMAS:	No, non morrai tu sola, donna sublime e forte:
	A vincer verrò teco, o teco incontro a morte.
	Fammi arrossir quel labbro, fammi arrossir quel core.
	Mi anima il suo coraggio. Forza darammi amore. *(parte)*

ATTO III

SCENA I: *Piazza con veduta della casa di Machmut in prospetto, con porta chiusa.*
OSMANO *alla testa di vari armati, sparsi qua e là per la scena.*

OSMANO:	Sian le vie guardate, né giungami improvviso
	Stuol da veruna parte senza opportuno avviso
	Machmut si difende, il Re gli presta aita;
	Ma vendicarmi io voglio a costo della vita.
	E vo' che la mia figlia di Machmut sia nuora,
	O ch'egli unito al figlio paghi lo scorno e muora.
	O Ircana trar io voglio fra lacci a suo dispetto,
	O le trarrò col brando il cuor fuori dal petto.
	Né forza del Divano, né del Sofì il comando
	Potrà se non mi vendico, trarmi di pugno il brando.
SOLDATO:	Signore, il gran Visire a te per quella via
	Il Bey delle guardie a favellarti invia.
OSMANO:	Venga, l'ascolterò. Non credo e non pavento
	Che alcun voglia impedirmi il mio risentimento
	Pensar dovrà il Sofì, pensar dovrà il Divano,

Ch'io dei Calmucchi e Tartari tengo il comando in mano,
E pria che lo deponga, davanti al regio piede,
Far posso, se m0'impegno, tremar la regal sede.

SCENA II SCACH BEY *e detti*

SCACH BEY: Osmano, il gran Visir, che fida in tua virtute,
Per me d'amico in nome t'invia pace e salute.
Strano al Divan rassembra, strano al Sofì regnante,
Che qua, senza il lor cenno, rivolte abbi le piante;
E in luogo di condurre ver Babilonia il campo,
Qui splendere si vegga delle tue spade il lampo.
L'ordine a te fu dato di debellare il Trace,
Che della Persia nostra turba i confini audace:
Ciascuno all'inimico incontro andar ti crede,
E per cagion privata in Ispaan ti vede.
Le tue vittorie illustri, il tuo valore antico,
Fa che ti soffra il regno qual suddito ed amico;
E quel rigor che avrebbe forse con altri usato,
Teco sospender vuole, duce alla gloria nato.
Ordine ho sol di dirti che i tuoi guerrieri armati
Solo a pro della patria a te sono affidati;
Però colle milizie promovere non spetta
In faccia a chi comanda da te la tua vendetta.
Contro di chi ti offese parla, domanda e grida,
Conosci il tuo monarca, in lui solo confida.
Han giudice i privati che siede in tribunale;
Al torto che tu soffri, avrai giustizia eguale;
Ma il ritornar dal campo sol per sì vile oggetto,
Di fellonia può farti reo nel reale aspetto.
Onde ver l'inimico torna a calcar la strada,
O rendi alle mie mani, qual prigionier, la spada.

OSMANO: Bey, mente chi ardisce rimproverarmi in faccia
Di mancator la colpa, di fellonia la taccia.
Chi della Persia il trono con sue vittorie onora,
Difenderà il monarca col proprio sangue ancora.
Pubblici son miei torti. La lontananza sola
Di vendicar gl'insulti il comodo m'invola;
E se la mia vendetta pronta non uso e presta;

Nulla sperar dal tempo, nulla ottener mi resta.
Giudici, il so, ha la Persia, vendicatori eletti
All'onte, all'ingiustizie de' popoli soggetti;
Ma quai di lor mi vanti sì giusti ed illibati,
Che dubitar non possa dall'or contaminati?
Il mio nemico è tale che d'oro in casa abbonda;
Raro è quell'uom cui l'oro non piaccia e non confonda.
Del mio sovran conosco la virtù, la giustizia;
Ma anche sul cuor dei regi può dell'uom la malizia.
E a fronte dei vicini chi è al suo signor lontano,
Nella ragion che vanta, può lusingarsi invano.
Lungi non era il campo da questa reggia ancora;
Tornai senza fatica; farò brieve dimora.
Se il Re vuol vendicarmi, se del mio onore ha cura,
Comandi ai suoi soldati uscir da quelle mura.
Lasci che a mio talento possa sfogar lo sdegno
Contro d'un figlio ingrato, contro d'un padre indegno.

SCACH BEY: Suddito invan patteggia con chi governa e regge;
A te impor non si aspetta, devi accettar la legge.
O parti, o sei ribelle del Re, se fai dimora.

OSMANO: Pria che ribel chiamarmi, di' che ci pensi ancora.
SCACH BEY: Non minacciar.
OSMANO: Non temo.
SCACH BEY: Ti pentirai
OSMANO: T'inganni.
SCACH BEY: Ha da veder la Persia rinascere i tiranni?
Vuoi rinnovar tu adesso di Scach-Abass la storia,
Di cui sì dolorosa vive ancor la memoria?
Per chi? Per una figlia il valoroso Osmano
Sarà col suo signore ingrato ed inumano?
Pensa, vi è tempo ancora. Torna glorioso al campo,
Cerca all'error commesso, coll'obbedir, lo scampo.
Lascia la cura a noi di vendicar tuoi torti.
Reo non ti far con l'armi che in Ispaan ne porti.
Temi il Re che si offende, temi il Divan che ti ama
Temi la Persia tutta che il difensor ti chiama.
Presto si perde il merto dei conquistati onori.
Cambia sovente il fato in mirti anche gli allori.
Chi troppo in sé confida, spesso pentir s'udìo.

Non rovinar te stesso. Pensa all'onore; addio. *(parte)*

SCENA III: OSMANO *e Soldati*

OSMANO:	Pensa all'onore? e bene, l'onore or mi consiglia
	Ch'io vendichi i miei torti, ch'io vendichi la figlia
	Contro del Trace in campo vado a pugnar pel Re;
	Contro un nemico in Persia venni a pugnar per me.
	Là per l'onor combattere del mio signor degg'io;
	Combattere la destra qui dee per l'onor mio.
	Se il sangue dalle vene sparsi pel mio sovrano,
	Il Re sia più sollecito pel sangue di un Osmano;
	Né lagnisi di me, se in lui fidando poco,
	Qua scelsi a mio talento tempo, vendetta e loco.
	Assalgansi le porte, assalgansi le mura. *(ai soldati)*
	Salma non sia là dentro dal mio furor sicura.
	Chi si oppone, si uccida; sia dalle spade oppressa,
	Se all'ira mia contrasta, sino la figlia istessa.
	(i soldati si muovono verso la casa di Machmut, e vedesi aprir la porta)
UN SOLDATO:	Signor, s'apron le porte.
OSMANO:	Dall'insultar cessate;
	Pietà lor non si nieghi, se chiedonmi pietate.
	Venga Tamas pentito; Fatima venga unita.
	Sia soddisfatto il padre, lor si dia pace e vita.

SCENA IV: TAMAS, ALÌ, *Soldati sulla porta, e detti*

TAMAS:	Qui v'arrestate, amici, fino che l'uopo il chiede. *(ai suoi soldati)*
	Cessa gl'insulti Osmano; volgasi ad esso il piede.
	Seguimi; non temere l'uom valoroso e forte. *(ad Alì)*
ALÌ:	Teco fui fido in vita; tal sarò teco in morte.
OSMANO:	Olà; pria d'avanzarvi, franchi parlate, e dite
	Se amici, o se nemici, perfidi, a me venite.
TAMAS:	Par che alla pace aspiri, non che a pugnar sen vada,
	Chi tien contro un armato nel fodero la spada.
	E trattenendo il passo al stuol che armato vedi, *(accennando ai suoi soldati)*
	Amici, e non nemici, è forza che noi credi.

ALÌ:	Con quel rispetto in seno, con quell'amore istesso
	Che ti raggiunsi al campo, vengoti innanzi adesso.
	Se la pietà m'indusse stringere al seno mio...
OSMANO:	Fatima di chi è sposa? questo saper vogl'io.
TAMAS:	So che ti offesi, Osmano, so che in tuo cuor reo sono;
	Il mio rossor mi porta a chiederti perdono.
	Scusa l'amor proterno che consigliommi altero,
	Scusa il mio cuor sedotto da un ciglio lusinghiero.
	So che a tua figlia un torto feci incostante, ardito:
	Son di mia debolezza, son del mio error pentito.
	Vuoi di più? non ti basta, anima generosa,
	Ch'umil perdon ti chieda?
OSMANO:	Fatima di chi è sposa?
ALÌ:	Tu mi parlasti al campo con tal disprezzo, Osmano,
	Qual fossi al mondo nato da genitor villano.
	Non vanta la mia stirpe l'onor de' semidei,
	Ma colla plebe abietta me calpestar non dei.
	Tamas ha più tesori, mercé fortuna ed arte;
	Mi fece il padre suo di sue ricchezze a parte.
	Figlio son di tal padre che noto è al regal soglio...
OSMANO:	Fatima di chi è sposa? questo saper io voglio.
TAMAS:	Fatima (ti consola), Fatima è già contenta;
	Dubbio non v'è che il padre a sospirar lei senta.
	Gode tranquillo stato se tu la lasci in pace
	Del suo destino è paga, lieta sen vive, e tace.

SCENA V: IRCANA *dalla porta con due soldati e detti.*

OSMANO:	Non si risponde a tuono a quel che Osman vi chiede.
	Fatima di chi è sposa?
TAMAS:	Del padre mio l'erede
	Fatima sarà meco...
IRCANA:	Tamas il ver non taccia:
	Il destin della figlia pubblichi al padre in faccia.
	Non giungavi il timore ad avvilir così. *(a Tamas, ad Alì)*
	Osman, Tamas è mio. Della tua figlia è Alì.
OSMANO:	Tanto saper mi basta, superbe anime ardite! *(sfodera la spada)*
IRCANA:	Lascia a me questo ferro.*(prende la spada ad uno dei suoi soldati)*
TAMAS:	Da quelle soglie uscite.*(verso la porta)*

	(Alì e Tamas sfodrano la spada e si pongono in difesa,
	ed i soldati principiano a uscir dalla porta in ordine di battaglia)
UN SOLDATO:	Ah signor, siam perduti; del Re le guardie pronte
	Ci assaliscono a tergo, e gl'inimici a fronte.
OSMANO:	Non paventate, amici, fin che vi regge Osmano.
IRCANA:	Ceda quest'uom sì forte.
OSMANO:	No, tu lo speri invano.
	(S'attaccano i soldati di Tamas con quelli di Osmano,
	quali assaliti alle spalle dalle guardie sono obbligati
	difendersi da due parti. S'attaccano patimenti Tamas,
	Alì, ed Ircana contro Osmano, ed i seguaci,e combattendo
	si avviano tutti e lasciano la scena vuota.)

SCENA VI: MACHMUT *dalla porta con la spada alla mano*

MACHMUT:	Figlio, mio caro figlio, ahimè, tu sei perduto,
	E neghittoso il padre tardo ti reca aiuto.
	Ma chi restar doveva a custodir le mura
	Per render la famiglia dal barbaro sicura?
	Troppo ti rese ardito la sposa tua furente;
	Attendere dovevi soccorso sufficiente,
	Senza arrischiar te stesso dell'inimico a fronte,
	Senza espor la tua vita alle ferite, all'onte.
	Vano è il seguirti omai, misero padre e lasso.
	Pure l'amor mi sprona...*(in atto di partire)*

SCENA VII:
OSMANO *e detto; poi* FATIMA

OSMANO:	Perfido, arresta il passo.
	Oppressi dalla forza fuggono i miei guerrieri,
	Ma il cor del duce Osmano avvilir non si speri.
	Sottratto da' miei colpi per ora il figlio indegno,
	Contro del genitore vo' satollar lo sdegno.
MACHMUT:	Non mi spaventi, Osmano: tanto ho valor che basta
	Per rintuzzar chi ardito alla ragion contrasta.
OSMANO:	Vieni, se hai cor.
MACHMUT:	Son teco.
	(combattono ed Osmano disarma Machmut)

	Oh sorte mia funesta!
OSMANO:	Perfido, morirai. *(in atto di ferirlo)*
FATIMA:	Ah genitor, ti arresta.
	(corre in difesa di Machmut, frapponendosi al colpo)
OSMANO:	Sempre, figlia insensata, fin nell'onor offesa,
	De' tuoi nemici indegni ti mirerò in difesa?
FATIMA:	Padre, sai tu chi sia quel che ferire or tenti?
OSMANO:	Cagion del mio rossore, cagion de' tuoi tormenti.
FATIMA:	No, genitor, inganni. Egli è un eroe pietoso,
	Che padre a me si mostra, benefico, amoroso.
	Contro del figlio ingrato arse per me di sdegno.
	Prese a mio pro egli stesso il più efficace impegno,
	Usandomi lo sposo per debolezza inganno,
	Dell'onor mio propose di riparare il danno.
	Sposa d'Alì mi fece, pieno d'amor, di fede,
	Figlia d'amor mi vuole, di sue ricchezze crede.
	Con tal bontà mi tratta, con tal dolcezza umana,
	Che non gradir suoi doni fora protervia insana
	Placati, ch'ei lo merta; credimi a quel ch'io dico.
	Degno è del tuo rispetto chi del tuo sangue è amico.
MACHMUT:	(Oh virtù senza pari!)
OSMANO:	Vanti i suoi pregi invano,
	in faccia al padre offeso, in faccia di un Osmano.
	Tamas fec'io tuo sposo; esser lo dee, lo giuro,
	O andar costui non speri dal mio furor sicuro.
FATIMA:	Tu per me fremi a torto. Sono d'Alì contenta.
	Del cambio dello sposo non temer ch'io mi penta.
	Se in grazia della figlia arde il tuo cor sdegnato,
	Fatima è già felice: sia il genitor placato.
OSMANO:	Sia il tuo piacer verace, sia falso e menzognero,
	Non mi sperar cogli empi meno inimico e fiero.
	Può perdonar gl'insulti cuore di donna offeso,
	Non li perdona Osmano, di giusto zelo acceso.
	Scorgo dai molli accenti che donna vil tu sei:
	Se tu perdoni i torti, io non perdono i miei.
MACHMUT:	Mostri da ciò, spietato, mostri che apprezzi meno
	Della tua figlia istessa bella virtude in seno.
	Tu di furor ti vanti; ella di gloria abbonda;
	Quale di voi più merta?

OSMANO:	Il ferro mio risponda. *(avventandosi contro Machmut)*
FATIMA:	Ah non fia mai. *(si frappone)*
OSMANO:	Ritira, figlia, dal ferro il petto,
	O non sperar mi giunga ad avvilir l'affetto.
	In faccia mia ti toglie della natura il dritto,
	Labbro che a pro di un empio approva il suo delitto.
	Figlia di lui ti vanti? più padre tuo non sono.
	Odio il tuo sangue istesso; no, non sperar perdono.
	Se più del padre offeso di chi l'insulta hai stima,
	Rea della colpa istessa, mori, crudel, tu in prima.
	(s'avventa contro Fatima)
MACHMUT:	Ferma, inumano. *(si pone in difesa di Fatima)*

SCENA VIII: SCACH BEY, *con gente armata e detti*

SCACH BEY:	Amici, l'empio s'arresti, o cada.
	Cedere, Osman, tu devi o la vita o la spada.
FATIMA:	Oh stelle! oh padre mio!
OSMANO:	Perfidissimo fato!
	Empia, sarai contenta. Il padre è disarmato.
	Cruda, se tu non eri, l'indegno avrei ferito.
	Lo stuol de' fuggitivi avrei fors'anche unito;
	Né mi vedrei costretto, pien di rossori e pene,
	Andar senza difesa incontro alle catene.
MACHMUT:	Opra è del ciel codesta, stanco de' tuoi furori.
	Vanne, superbo, e fremi; va alla tua pena, e mori.
FATIMA:	Come! a morir mio padre? Tu lo puoi dir, spietato
	In faccia di colei che ha il viver tuo serbato?
	Pensa che se tua figlia farmi l'amor procura
	Del valoroso Osmano figlia mi feo natura;
	E non sperar vedermi un qua cessar dal pianto,
	Se non ritorna il padre alla sua figlia accanto.*(a Machmut)*
OSMANO:	Pria di più viver teco, voglio morire, ingrata
	Figlia, che per mio danno, per mio rossor sei nata.
	Bey, faccia la sorte il peggio che può farmi:
	Più della morte istessa costei può spaventarmi.
	Perfida, a pro degli empi il tuo bel core impegna.
	Muoia chi ti diè vita.
FATIMA:	No, genitore...

OSMANO: Indegna!
                              (parte seguito da Scach Bey e soldati)

SCENA IX: MACHMUT *e* FATIMA

FATIMA: Lo seguirò.
MACHMUT: T'arresta. Donna non lice intorno
                 Andar fra noi scoperta, lontan dal suo soggiorno.
                 Perdonasi il trasporto che uscir da quelle mura
                 Ti fece, per impulso d'affetto e di natura.
                 Torna all'albergo usato, torna all'amico tetto.
FATIMA: Non lo sperar se il padre...
MACHMUT: Errar non ti permetto.
FATIMA: Piacqueti ch'esponessi per te alla spada il seno;
                 Ora ch'io segua il padre non mi concedi almeno?
MACHMUT: No, Fatima, rammenta che il cuor mal ti consiglia.
                 Usa, non tel contendo, usa l'amor di figlia.
                 Del mio nemico io stesso, per compiacer te sola,
                 Procurerò lo scampo; ti do la mia parola.
                 In Ispaan, lo sai, può molto oro ed argento.
                 Dispor de' scrigni miei ti lascio a tuo talento.
                 Parlerò cogli amici, col ministero ancora;
                 Salvo sarà tuo padre, non dubitar ch'ei mora.
                 Calmati, ed obbedisci chi per te nutre in petto
                 Salda, verace stima, e sviscerato affetto.
FATIMA: Signor, tu mi consoli; sulla tua fé riposo.
MACHMUT: Eccolo il figlio mio.
FATIMA: Ecco con lui il mio sposo.

SCENA X: TAMAS, ALÌ *e detti, poi* IRCANA

MACHMUT: Vieni, o figlio, al mio seno.
TAMAS: Padre, pietoso il cielo
                 Diè forza al mio valore, e secondò il mio zelo.
ALÌ: Fatima perché trovo qui a Machmut unita?
MACHMUT: Alì, Tamas, io deggio a Fatima la vita.
                 Ella il mio sen difese contro il nemico altero;
                 Osman volea ferirmi, Osman va prigioniero:

	E la pietà che ad essa ho per dover usata,
	Da lei, per sua virtude, fu ben ricompensata.
ALÌ:	Grazie ai Dei, che mi diero simile sposa in dono.
TAMAS:	Fatima, egli è ormai tempo ch'io chieda a te il perdono.
	Te lo domando in faccia al genitore amante,
	In faccia del tuo sposo, lo chiedo a te dinante.
	So che tradii me stesso nel non curar quel core
	Ch'è il centro di virtude, l'idea del vero amore.
	Le voci tue pietose, le luci tue leggiadre,
	Mi preservar la vita; ora mi salvi il padre.
	I benefizi usati in mio favor rammento;
	So che fui teco ingrato, a mio rossor mi pento.
	Degna tu sei d'amore; più amarti a me non lice;
	Godi col fido amico, vivi con lui felice.
	Dell'abbandono ingrato scusami, o bella, appieno:
	Fra noi, se non amore, regni amicizia almeno.
	Quel che mi parve un giorno per te sentire affetto,
	Ora per te diviene giustissimo rispetto.
	E tu, poiché mi amasti con saggio amor pudico,
	Scordati d'ogni insulto in grazia dell'amico.
	So che da te nol merto, so che un ingrato io sono,
	Ma ai miei trascorsi aspetto dal tuo bel cuor perdono.
FATIMA:	(Tal importuno assalto non mi aspettava al cuore).
MACHMUT:	(Questa virtù mi piace).
ALÌ:	(Tamas è un uom d'onore).
IRCANA:	Via; Fatima pietosa alfin s'arrenda e ceda;
	A chi la prega umìle il suo perdon conceda.
	Le preci se non bastano di un giovane pentito,
	Ascolti un padre amante, consigli un buon marito.
	E se di tanti ai voti dura il suo cor restio,
	I più sinceri uffizi porgo alla bella anch'io. *(con ironia)*
TAMAS:	(Ah il ragionar conosco, che simula il dispetto.
	Odo da lungi il tuono, il fulmine mi aspetto).*(da sé)*
FATIMA:	Non ha bisogno, Ircana, di stimoli il mio cuore
	Per far quel che mi dettan le leggi dell'onore.
	Tamas perdon mi chiede d'avermi a torto offesa
	Me lo scordai qualora sposa d'Alì fui resa.
	Di Machmut rispetto in lui l'unico figlio;
	D'Alì, sposo ed amico, seguir deggio il consiglio.

E tu le preci tue usa ad uopo migliore,
Usale per te stessa, del tuo diletto al cuore.
Prega di cuor lo sposo che tollerar s'impegni
Donna che i benefizi suol compensar coi sdegni.*(parte)*

SCENA XI: MACHMUT, ALÌ, TAMAS IRCANA

MACHMUT: Non più fra noi discordie; lungi lo stile audace.
Regni fra noi l'amore, regni fra noi la pace.
Andiam, figlio.

IRCANA: Signore, scusa, vorrei con esso
Sola restar. *(a Machmut)*

MACHMUT: Nol niego. Resta alla sposa appresso.
Ah non so dir qual astro per te, per essa, in cuore
Abbia in amor sì tosto cambiato il mio furore.
Convien dir che la forza del prossimo periglio
M'abbia ad amar costretto chi mi sedusse il figlio. *(parte)*

ALÌ: Tamas, con noi ritorna, non ci lasciar così.

IRCANA: Alì, lasciaci soli.

TAMAS: Deh non partire, Alì.

IRCANA: Per consolar la sposa, il caro amico attendi?*(ad Alì)*

ALÌ: Il tuo soverchio ardire a moderare apprendi.*(parte)*

SCENA XII: TAMAS ed IRCANA

TAMAS: (Eccoci soli alfine).

IRCANA: Tamas, da me t'invola.
Segui il tuo fido amico; la sposa sua consola.

TAMAS: So che vuoi dirmi, Ircana, ma tu m'insulti a torto.

IRCANA: Perfido, in quelle soglie, no, il piede mio non porto.
Va da te solo; Alì, saggio, costante amico,
Di Fatima ti ponga nel suo possesso antico.

TAMAS: Cara, se per te meno provassi in cuore affetto,
Esposto io non avrei alle ferite il petto.
Per sostenere il nodo che a te mi lega e unisce,
Mi cimentai fra l'armi.

IRCANA: No, il labbro tuo mentisce.
Spinto da' miei rimproveri (che tollerasti a stento)
Fingesti, anima vile, discendere al cimento.

Se non veniva io stessa, testimon di tua fede
D'Osman la tua incostanza ti avria gettato al piede.
Dir non ardivi ad esso, per ambizione insana:
«Fatima è d'Alì sposa, è la mia sposa Ircana».
E se un momento solo tardava il venir mio,
«Sposo» le avresti detto «di Fatima son io».
Io provocai la pugna il tuo rossor destando,
Io fui la prima allora ad impugnare il brando;
E fu quel che or mi vanti insolito valore,
Timor della tua vita, non della sposa amore.

TAMAS: Ma se in mio danno ogni opra dell'amor mio converti,
Come scordare i segni puoi di mia fé più certi?
L'abbandonar la sposa fino con atto indegno,
Scarso sarà d'amore, scarso di fede un segno?

IRCANA: Segno sarà, se dritto esaminar si deve,
Che nel tuo seno il corso della costanza è breve.
Segno che, qual tu fosti con Fatima spergiuro,
L'amor, che per me vanti, meco e ancor malsicuro.

TAMAS: Falso argomento indegno d'anima vacillante
Prendi tu, che mi festi per amor tuo incostante.
Ecco la mia mercede; ecco qual via si tenta
Da una consorte ingrata, perché il mio cuor si penta.
Ma no, troppo ha profonde le sue radici in petto
L'amor che a te mi lega; ti amerò a tuo dispetto.

IRCANA: Prova maggior io chiedo di quell'amor che vanti.
Più della mia nemica non comparire innanti.
O fa che il padre tuo più non la tenga appresso,
O lascia di vedere perfino il padre istesso.
S'egli di te più l'ama, amami più di lui;
Se mi soddisfi in questo, teco sarò qual fui.
Ti crederò mio caro, più non darotti un duolo;
Tutto soffrir m'impegno, contentami in ciò solo.
Non ti smarrir temendo di mendicar tua sorte,
Non ti avvilisca il peso di docile consorte;
Evvi per tutti un Nume che provveder non cessa,
Ti aiuterò il tuo pane a procacciarti io stessa.
O servirem fra l'armi, lasciando io pur la gonna,
O adatterò la mano a ciò che lice a donna.
Teco vivrò contenta in ogni stato e loco,

	Pur che turbar non vegga da gelosia il mio foco.
	Quel che ti chiedo è molto, ma contrastar nol dei,
	Se mi vorrai felice, se l'amor mio tu sei.
TAMAS:	Sì, il tuo voler si faccia; andiam pel mondo erranti,
	Pria di vederti in pene, pria di vederti in pianti.
	Tutto per soddisfarti, tutto tentar mi è in grado,
	Dal genitor io stesso a congedarmi or vado.
IRCANA:	Fermati; in quelle soglie la mia rival dimora.
	S'ella t'incontra, e parla, puoi ripentirti ancora:
	Fuggi, s'è ver che mi ami, fuggi il fatal periglio.
TAMAS:	E il genitor pietoso?
IRCANA:	Più non rivegga il figlio.
TAMAS:	Ah non volermi, o cara, sì perfido e malvaggio;
	Padre da me non abbia questo secondo oltraggio.
	Ho tal rossor che basta, se gli error miei rammento;
	Dell'onte a lui commesse nell'alma ho il pentimento;
	Né sarà mai che torni col genitor placato
	Ad onta di natura a comparire ingrato.
IRCANA:	Vanne, e il padre consola.
TAMAS:	Meco tu pur deh vieni.
	Udirai come parlo, di me ti fida.
IRCANA:	Tieni.(gli vuol dare uno stilo)
	Questo ferro conosci?
TAMAS:	Con ciò, che dir mi vuoi?
IRCANA:	Questo è quel che doveva finire i giorni tuoi:
	Con questo di mia mano saresti al suol caduto,
	Se Fatima opportuno non ti recava aiuto.
	Ella di me più merta, poiché poteo salvarti;
	Io merto i sdegni tuoi, se fin tentai svenarti.
	Pur, di ragione ad onta, pretendo esser amata,
	Pretendo dal tuo cuore fin la rivale odiata.
	E vanto nel mio seno la pretension sì forte
	Che sol può sradicarla o la tua, o la mia morte.
	Ecco, a te mi presento, no a domandar perdono;
	Che, vile qual tu sei, anima vil non sono:
	Ma per troncare i nodi di un infelice amore,
	Chiedo che tu mi passi con questo ferro il cuore.
TAMAS:	Sì, tal da me pretendi sforzo d'amore ingrato,(prende lo stilo)
	Che sol può dalla morte venir ricompensato.

	Sia che ti accenda il seno amor, sdegno o dispetto,
	Vo' soddisfarti, Ircana, vo' trapassarmi il petto.*(in atto di ferirsi)*
IRCANA:	Ferma; ver me rivolta il braccio feritore.
TAMAS:	Barbara, s'egli è vero che in me viva il tuo core,
	Questo tuo cor spietato ferir non mi è concesso
	Senza passarmi il seno, senza morire io stesso.
IRCANA:	Ah, l'amor tuo mi cale; il tuo morir non bramo.
TAMAS:	Credimi.
IRCANA:	Sì, ti credo
TAMAS:	Seguimi, o cara.
IRCANA:	Andiamo

(partono tutti e due ed entrano in casa di Machmut)

ATTO IV

SCENA I: *Sala di Machmut con varie porte e con vari guanciali per sedere.*
ZAMA, IBRAIMA, LISCA, VAJASSA

VAJASSA:	Figlie, vi amerò sempre, sempre vi vorrò bene;
	Ma a me portar rispetto ed obbedir conviene.
	Soprattutto mi preme saper con verità
	Tutto quel che si parla, tutto quel che si fa.
	Talor quando il scirocco a inumidir ci viene,
	Per dir la verità, ci sento poco bene;
	Ma se il Caucaso freddo ci manda il vento asciutto,
	Si scioglie la flussione, e sento quasi tutto.
LISCA:	Oggi che borea spira, ci sentirete.
VAJASSA:	Che?
ZAMA:	Sorda è sempre ad un modo. *(ad Ibraima)*
IBRAIMA:	Pare così anche a me.*(a Zama)*
VAJASSA:	Voglio saper di ognuna prima di tutto il nome,
	Quando comprate foste, donde veniste, e come;
	E più dell'altre schiave conoscere mi preme
	Due che son qui venute ad ingiuriarmi insieme.
IBRAIMA:	Ibraima è il mio nome, tartara di nazione
	Saran due anni ormai che mi comprò il padrone.
VAJASSA:	Quando saprò chi siete, saprò anch'io regolarmi.
IBRAIMA:	Se parlo, e non mi sente, è vano il faticarmi.
ZAMA:	Zama son io...

VAJASSA:	Non credo di domandar gran cosa.
ZAMA:	Ma il mio destin crudele...
VAJASSA:	Son donna di buon cuore;
	Anch'io son stata giovine, e so cos'è l'amore.
	Saprò qualche cosetta facilitare anch'io:
	Basta che il ver mi dite.
LISCA:	Mosca è il paese mio.
	Lisca mi chiamo; in Persia venni, non so dir come.
VAJASSA:	Via, ditemi, ragazze, la vostra patria e il nome.
LISCA:	Non vel dissi? *(forte)*
VAJASSA:	Può darsi.
ZAMA:	Non avete sentito
	Da noi la patria e il nome?*(forte)*
VAJASSA:	Eh sì, sì, vi ho capito.
	(Di lor poco mi preme). Da voi vogl'io sapere
	Chi son quell'altre due che sembrano più altere.
LISCA:	Una è Fatima e l'altra è Ircana l'orgogliosa.
	L'una è sposa d'Alì, l'altra è di Tamas sposa.
VAJASSA:	Una si chiama? *(ponendosi la canna all'orecchio)*
LISCA:	Fatima.*(forte nella canna)*
VAJASSA:	Bene: quell'altra? *(come sopra)*
LISCA:	Ircana. ? *(come sopra)*
IBRAIMA:	Non basta ad informarla né anche una settimana. *(a Zama)*
VAJASSA:	Sono schiave? ? *(come sopra)*
LISCA:	No, spose. ? *(come sopra)*
VAJASSA:	Spose entrambe? Di chi? ? *(come sopra)*
LISCA:	L'una è sposa di Tamas, l'altra è sposa d'Alì. *(come sopra)*
VAJASSA:	Tamas di chi è consorte? ? *(come sopra)*
LISCA:	Fatima avea sposata; *(come sopra)*
	Ma vi dirò poi dopo la cosa come è andata.
	Sappiate che il padrone...
VAJASSA:	Per or basta così.
	Ho inteso, sarà dunque sposo d'Ircana Alì.
	Tamas sposo di Fatima, d'Ircana Alì è marito.
	Non me lo scordo più.
ZAMA:	Brava! ha bene capito. *(con ironia)*
VAJASSA:	Ritiratevi, o figlie, a lavorare un poco;
	Poi tornerete unite al passatempo, al gioco.
	Sarò con voi discreta più assai che non pensate;

	Ma far quel che conviene prima si deve: andate.
ZAMA:	Andiam, che ormai crepare dal ridere mi sento:
	Non vi è di questa vecchia miglior divertimento.
	(ad Ibraima e parte)
IBRAIMA:	A lei quel che si vuole può dirsi impunemente:
	Vecchia, befana, arpia.
VAJASSA:	Che dici?
IBRAIMA:	Oh niente, niente.*(parte)*
VAJASSA:	D'una madre amorosa il ciel vi ha provveduto.*(a Lisca)*
LISCA:	Che ti venga il malanno.
VAJASSA:	Che dici?
LISCA:	Vi saluto.*(forte e parte)*

SCENA II: VAJASSA *poi* FATIMA

VAJASSA:	Con queste che mi stimano discreta, anch'io ragiono
	Ma le due spose altiere mi proveran chi sono.
	Eccone una; eppure sembra nel volto umana.
	Non so se questa sia o Fatima od Ircana.
FATIMA:	(Eccola la custode). Vi chiedo umil perdono,
	Se men ch'io non doveva...
VAJASSA:	Chi sei?
FATIMA:	Fatima io sono.
VAJASSA:	Che?
FATIMA:	Fatima.*(più forte)*
VAJASSA:	Il mio grado si dee più rispettare.
FATIMA:	Vedrete il mio rispetto...
VAJASSA:	Andate a lavorare.
	Le spose delle schiave non son meno obbligate
	A far quel che bisogna.
FATIMA:	Cerco lo sposo...
VAJASSA:	Andate.
FATIMA:	Sia questo il primo segno ch'esser vi voglio amica.
	Andrò per obbedirvi.
VAJASSA:	(Non so che diavol dica).
FATIMA:	Però men delle schiave le spose destinate
	Sono ai bassi lavori.
VAJASSA:	Andate, o non andate?
FATIMA:	Sì, vado. (È troppo fiero il suo temperamento).

(entra in una porta laterale)

SCENA III: VAJASSA

VAJASSA: Non va dove van l'altre. Sarà il suo appartamento
                    Le spose separate van dalle schiave abbiette;
                    Ma anch'esse alla custode deon essere soggette.

SCENA IV: IRCANA *e la suddetta*

IRCANA: (Tamas confuso e mesto, solo in giardin dimora?
                    Ah che m'inganni io temo, e che si penta ancora).
VAJASSA: (Sarà Ircana costei). *(da sé)*
IRCANA: (Fin che da lei diviso
                    Nol vegga, i' tremerò). *(da sé)*
VAJASSA: (Né anche mi guarda in viso). *(da sé)*
IRCANA: (So che quel cor che mi ama, debole ogni ora fu;
                    So che del padre ei teme). *(da sé)*
VAJASSA: Dimmi: Ircana sei tu?
IRCANA: Son io; da me che vuoi, si torbida in aspetto?
VAJASSA: Sei tu Ircana, o non sei?
IRCANA: Sì quella son, l'ho detto.*(forte)*
VAJASSA: Sai ch'io son la custode?
IRCANA: Lo so.
VAJASSA: E che orgogliose
                    Non mi han men delle schiave a rispettar le spose?
IRCANA: Lo so.
VAJASSA: Lo sai? *(sdegnata)*
IRCANA: Sì, è vero.*(forte)*
VAJASSA: Dunque meno arroganza.
                    Vattene, ed obbedisci, va tosto alla tua stanza.
IRCANA: Qual è la stanza mia?
VAJASSA: Non rispondere, ardita.
                    Vanne colà con Fatima; coll'altra sposa unita.
IRCANA: No, con colei non vado.
VAJASSA: Che dici?
IRCANA: Con colei
                    Non vo' per verun patto passare i giorni miei.
                    Anderò in altro sito. *(s'avvia verso la porta di mezzo)*

VAJASSA:	No, colà non conviene
	Che venga il tuo consorte, là dentro non va bene.
	Colà vi son le schiave, cara la mia figliuola,
	E Alì, quando ti cerca, vorrà trovarti sola.
IRCANA:	A che cercarmi Alì?
VAJASSA:	Va tu fra quelle porte *(le addita un'altra porta laterale)*
	Dirò che sei là dentro io stessa al tuo consorte.
IRCANA:	Sì, fa che tosto ei venga; seco parlar desio.
VAJASSA:	Vanne, non dubitare. So far l'uffizio mio.
IRCANA:	Questo è quel dì fatale, in cui dee la mia sorte
	Decider di mia vita, ovver della mia morte.*(entra nell'altra stanza)*

SCENA V: VAJASSA *poi* TAMAS

VAJASSA:	Con me della superbia dovran lasciare il vizio.
	Cospetto! a queste donne io farò far giudizio.
TAMAS:	Dove si cela Ircana? d'uopo ho del suo consiglio.
VAJASSA:	Questi è Tamas, lo so, di Machmut il figlio.
TAMAS:	Donna, vedesti Ircana?
VAJASSA:	Cerchi la sposa?
TAMAS:	Sì.
VAJASSA:	Se cerchi la tua sposa, e vuoi vederla, è lì.
	(gli addita le stanze di Fatima)
TAMAS:	Vedrà quella inumana se soddisfarla io godo.
	Seco partir destino; ma dee pensarsi al modo.
	(entra nell'appartamento di Fatima)
VAJASSA:	Povero giovinetto, goda la sposa in pace:
	Quel che per me vorrei, far per altrui mi piace.
	(va per la porta di mezzo, dove son le Schiave)

SCENA VI: IRCANA *poi* TAMAS

IRCANA:	Ah perfido! ah mendace! ah traditore ingrato,
	Vai di nascosto, indegno, della rivale allato?
	Ma ti condusse il cielo di mie vendette al segno;
	Ambi quei rei mi attendono ad isfogar mio sdegno.
	(va per entrare da Fatima)
TAMAS:	Dove t'inoltri, Ircana?
IRCANA:	Ecco la fé giurata,

	Ecco le certe prove d'anima scellerata.
	Per ricondurmi, infido, pien di pensier sì rei,
	A rimirar io stessa l'orror de' scorni miei?
TAMAS:	Odimi.
IRCANA:	Non ti ascolto. Odo le voci sole
	Del mio furor che accendemi, che vendicar mi vuole.
	Muoia la mia nemica. *(incamminandosi)*
TAMAS:	No, che t'inganni.
IRCANA:	Audace.
	Reo, dell'offeso in faccia, palpita almeno, e tace.
	Tu, tracotante, ardisci, senza smarrirti in volto,
	Mascherar le tue colpe? Vattene, non ti ascolto.
TAMAS:	Odimi, e l'innocenza ti sarà nota, o cara.
IRCANA:	Via, qual menzogna il labbro in tuo favor prepara?
TAMAS:	Fra quelle soglie, il giuro, te rinvenir credea.
IRCANA:	Scarso pretesto e vile d'anima infida e rea.
	Vidi te pure io stessa colla custode antica
	Parlar; da lei sapesti celarsi ivi l'amica.
	Forse per te là dentro fu dalla vecchia ascosa.

TAMAS:	Là disse la custode essere la mia sposa.
	Se m'ingannò quel labbro stolido, o menzognero...
IRCANA:	Non t'ingannò, là dentro sta la tua sposa, è vero;
	Quella che stringer speri (me abbandonata) al seno
	Ma se riaverla aspiri, dammi la morte almeno.
	Spenta ch'io sia... ma pria ch'io sia dal ferro oppressa,
	Voglio veder spirare la mia rivale istessa.
	Sì, perirà.
TAMAS:	T'arresta.
IRCANA:	Se mi attraversi il passo...
TAMAS:	Se proseguir tu tenti...

SCENA VII: VAJASSA: *e detti*

VAJASSA:	Cos'è questo fracasso?
	Mi han detto che si grida.
TAMAS:	Vecchia, fra quelle porte
	Essere chi dicesti?

VAJASSA:	Parla un poco più forte.
IRCANA:	Tu, perfida, celasti colà con trame ordite
	La mia rival per esso?
VAJASSA:	Non so cosa che dite.
	Ma vi comando e dico che badi ognuno a sé,
	Che questa la maniera di vivere non è.
	Se tu non hai giudizio, *(ad Ircana)* se tu non taci, ardito,
	(a Tamas)
	Lo dirò alla tua sposa; *(a Tamas)* lo dirò a tuo marito.
	(ad Ircana)
IRCANA:	Mio marito chi è?
VAJASSA:	Certo farò così.
	Farò che il sappia Fatima, farò che il sappia Alì.
	Credete ch'io non sia istrutta di ogni cosa?
	Tu bada a tuo consorte; *(ad Ircana)*, bada tu alla tua sposa.
	(a Tamas)
IRCANA:	(Parla costei confusa).
TAMAS:	Spiegati, vecchia insana:
	Chi è la mia sposa? *(forte)*
VAJASSA:	È Fatima. È Alì sposo d'Ircana.
TAMAS:	Odi. *(ad Ircana)*
IRCANA:	Chi ciò ti ha detto? *(a Vajassa, forte)*
VAJASSA:	Le schiave me l'han detto.
TAMAS:	Idolo mio, ravvisi se falso è il tuo sospetto? *(ad Ircana)*
IRCANA:	Fin che restar ti caglia alla nemica appresso,
	Tali funesti incontri ponno accader di spesso.
	Siasi innocenza o colpa che ti guidò a quel sito,
	Ciò non saria accaduto, se pria fosti partito.
	E se partir ti mostri meco ancor renitente,
	Il passo che facesti non crederò innocente.
VAJASSA:	E ben? cosa si fa? *(a Tamas)*
TAMAS:	Vattene. *(a Vajassa, con dispetto)*
VAJASSA:	Anche di più?
	Subito in quella stanza. *(ad Ircana)*
IRCANA:	Taci. *(con isdegno)*
VAJASSA:	Non parlo più. *(timorosa)*
IRCANA:	Tamas, o vieni meco senza dimora alcuna,
	O temi che ormai scoppi furor che in me si aduna.
	Salvo non ti do il padre dall'ira mia, la vita

Salva non è di Fatima dalla mia destra ardita.
Paventa per te stesso, per me paventa ancora:
O d'Ispaan si parta, o qui si resti, e mora.

VAJASSA: (Non intendo parola).
TAMAS: Facciasi il tuo volere.
Andiam; sovra il cuor mio vedi quant'hai potere.
Ah non veder il padre fa il mio dolor maggiore.
IRCANA: Senza vederlo andiamo.
TAMAS: Ecco il mio genitore.

SCENA VIII MACHMUT, ALÌ, *Servi e detti*

MACHMUT: Olà, qui si raguni tutta la mia famiglia. *(ai servi)*
Fatima v'intervenga, che il nome ha di mia figlia.
Tutte le schiave io voglio, tutti i miei servi uniti:
Il suo signor ciascuno ad ascoltar s'inviti.
(partono alcuni servi per obbedire)
VAJASSA: Cosa ha detto? *(ad Alì)*
ALÌ: Le schiave deon ragunarsi qui.
VAJASSA: Dite forte.
ALÌ: Le schiave. *(forte)*
VAJASSA: Subito, signor sì.*(parte)*
IRCANA: Partiam.*(piano, a Tamas)*
TAMAS: Resta un momento.*(piano ad Ircana)*
IRCANA: La mia nemica or viene.*(piano a Tamas)*
TAMAS: Non dubitar, mia vita. .*(piano ad Ircana)*
IRCANA: (Vivo fra sdegni e pene) *(da sé)*

SCENA IX: FATIMA *e detti; poi* VAJASSA, LISCA,IBRAIMA,ZAMA *e dall'altra
parte i servi*

FATIMA: Eccomi a' cenni tuoi.
MACHMUT: Udir non siavi grave
Del signor vostro i detti. *(a tutti)*
VAJASSA: Ecco, signor, le schiave. *(a Machmut)*
ALÌ: Ecco i tuoi servi ancora.
MACHMUT: Sedete. *(tutti seggono su guanciali)*
IRCANA: Ah, ch'io prevedo

	Che di partir ti penti. *(piano a Tamas)*
TAMAS:	Si partirà. *(piano, ad Ircana)*
IRCANA:	Nol credo. *(piano a Tamas)*
MACHMUT:	Figli, amici, e voi tutti che a Machmut servite,

Il signor vostro, il padre, a ragionare udite.
Salvi siam da un periglio, che sovrastava a tutti:
Goda la mia famiglia della vittoria i frutti.
Lauto convito apprestano ad un mio cenno i cuochi;
Musica avremo e danze, feste, trionfi e giuochi.
Ma quel che più vi bramo, saldo piacer verace,
Quel che fra voi mi preme, è, figli miei, la pace.
E perché duri eterna la cara pace amica,
Soffra ciascun ch'io parli, soffra che il vero io dica.
A te mi volgo in prima, mia gioia e mio contento, *(s'alza)*
Figlio, di padre amante miglior sostenimento.
Il rammentarti è vano quanto per te finora
Fece quel padre offeso, che ti vuol salvo ancora.
Torna in te stesso, e pensa se più di quel che festi
A un genitor pietoso, fatto a un nemico avresti.
Quale ai deliri tuoi, qual non offersi aiuto,
Nel precipizio orrendo sol per amor caduto?
Io ti porsi la mano a sollevarti in alto:
Volesti tu di nuovo precipitar d'un salto.
Ecco, tornasti ancora, senza acquistarti un merto,
Del genitore al seno a ricovrarti aperto.
Ecco, il paterno albergo dove, crudel, sei nato;
Torna a soffrir quel piede che lo calpesta ingrato.
Né sol te il padre accoglie, teco pietoso ancora,
Ma, tua mercé, la schiava soffre abbracciar qual nuora.
Mirami, Ircana, in volto, vedi colui che offeso
Fu da te fin nell'alma, miralo vinto e reso.
Che non facesti, ingrata, coll'arti e col consiglio
Per insultar un padre, per involargli un figlio?
Ferri, veleni e stragi, tutto volgesti in mente
Contro chi ben ti ha fatto, femmina sconoscente!
Ecco l'illustre donna, ecco la sventurata, *(verso Fatima)*
Sposa per te tradita, da sposo abbandonata.
Ella per te ad Osmano chiese il perdon col pianto;
Ella al cuor mio pietosa feo l'amoroso incanto.

Ed or vedila come soffre l'insulto in pace;
Mira d'altrui lo sposo, e non si lagna, e tace.
Fatima, se tu taci, parla per te il mio cuore;
Se ti lasciò il mio figlio, non ti lasciò il mio amore.
Caro Alì generoso, da cui virtù s'impara,
Questa a te raccomando figlia onorata e cara.
Tua sarà quella dote che ha il padre a lei concessa,
Ma la maggior sua dote è la virtude istessa.
Tanto però non basta all'amor mio sincero;
Più per costei si faccia degnissima d'impero.
Parte de' beni miei già le concessi in dono:
Uso del don si faccia, Tamas, padron ne sono.
Pur dell'amor in segno, con cui tratto un mio figlio,
Prima di usarne il dritto, chiedo da te il consiglio.
Freme in carcere Osmano; lui dalle regie porte
Trasporterà il delitto nella gran piazza a morte.
Muore in Osmano il padre di questa a cui dobbiamo,
Figlio, la stessa vita che ambidue respiriamo.
Te da colei difese che ti voleva estinto;
Salvò dall'inimico me disarmato e vinto.
Pietà del padre suo, pietà per lei ne chiede.
A chi ha con noi tal merto, si può negar mercede?
No, che in te non prevedo d'ingrato cor la taccia.
Facciasi ciò che sento. Sì, figlio mio, si faccia.
Comprisi la sua vita, comprisi ad ogni prezzo:
Ché il Persian Divano vender le grazie è avvezzo.
Osmano a noi dovendo la libertà e la vita,
Calmati avrà i trasporti di un'anima sì ardita.
Si scorderà l'insulto fatto da te alla figlia:
Vedi se ancora in questo l'amor mio mi consiglia.
Lieto colla tua sposa godrai giorni felici.
Padre son io di tutti. Tutti vi voglio amici.
Se ha del mio sangue ancora d'uopo un sì caro oggetto,
Pronto sarei per tutti, pronto ad aprirmi il petto.
(siede e tutti si mostrano inteneriti)

IRCANA: Tu piangi? *(piano a Tamas)*
TAMAS: Al padre in faccia poss'essere inumano? *(piano, ad Ircana)*
IRCANA: No; pietoso ti mostra, ma andiam di qua lontano.
             (piano a Tamas)

TAMAS:	(Oh dura legge!) *(da sé)*
FATIMA:	Il pianto finor mi ha trattenuto
	All'amor tuo, signore, di rendere un tributo.
	Alla bontà che nutri, alla pietade, al zelo,
	Sia co' suoi benefizi compensatore il cielo. *(a Machmut)*
MACHMUT:	Venga il Bey. *(ad un servo che parte)*
ALÌ:	Permetti, signor, ch'io pur ti dica
	Ch'alma rinchiudi in seno della virtude amica;
	E che dai Numi istessi, che hanno il bel cuor formato,
	Sarà con larghi doni il don ricompensato.
TAMAS:	Deh! se favello al padre tenero anch'io, perdona.(
	piano, ad Ircana)
IRCANA:	Tenero parla al padre, ma di partir ragiona.*(piano a Tamas)*
TAMAS:	Deh genitor...
MACHMUT:	Sospendi. Ecco, il Bey si vede.
	Per la vita d'Osmano sentiam quel ch'ei ne chiede.
	Schiave, servi, al ritiro. Vi benedica il cielo.
	Spose voi qui restate, ma che vi copra il velo.
	(partono le Schiave, ed i Servi. Fatima e Ircana col velo si coprono)

SCENA X: MACHMUT, IRCANA, FATIMA, TAMAS, ALÌ *e* VAJASSA

VAJASSA:	Signor, chiedo una grazia.
MACHMUT:	Tutto ti sia concesso.
VAJASSA:	Ditemi quel che avete parlato infino adesso:
MACHMUT:	Non intendesti?
VAJASSA:	Che?
MACHMUT:	Sovverchio è il tuo difetto.
VAJASSA:	Cosa dite?
MACHMUT:	Domani vattene dal mio tetto.
VAJASSA:	Ho capito. Il congresso si è fatto in grazia mia:
	Non me n'importa niente, domani anderò via.
	Se altri servir non posso, sorda qual son così,
	Andrò a servir i muti in corte del Soffì. *(parte)*
MACHMUT:	Ecco il Bey: mi aspetto sia nella grazia offerta
	Dal vel della clemenza l'avidità coperta.
	Alzar tutti dobbiamo, usar dobbiam rispetto
	A chi del signor nostro porta il gran nome in petto.
	(si alzano)

SCENA XI: SCACH BEY *e detti*

SCACH BEY: Il grande, alto, possente, dominator del mondo,
        Il Sofì della Persia, re di pietà fecondo,
        Figlio del sol lucente, prole di semidei,
        Consolator de' giusti sterminator dei rei,
        Me suo ministro umile, scelto tra' servi suoi,
        Manda di sua clemenza apportatore a voi.
        (tutti odono queste parole col capo chino, colla mano alla fronte)
MACHMUT: Bey, siedi. Sedete. *(siede e fa sedere tutti.)*
SCACH BEY: Spiacque al Re mio signore
        Che fosse a tal eccesso spinto Osman dal furore.
        N'ebbe il Visir cordoglio, spiacer n'ebbe il Divano,
        Piangono le milizie l'error del capitano;
        Ma delle glorie ad onta d'uom valoroso e forte,
        Condannano le leggi lo sventurato a morte.
        Giunsero a piè del trono di Machmut i voti,
        Di Machmut i pregi non sono al regno ignoti.
        Questi all'imprese aggiunti del valoroso Osmano,
        E vita e libertade gli otterran dal Divano.
        Il gran Visir istesso la grazia ha già soscritto,
        Indi ha il *firman* segnato l'alto monarca invitto.
        Ma per vietar lo scandalo in faccia alla milizia,
        Dee in parte soddisfarsi la pubblica giustizia;
        Onde quel che doveva pagar sangue sì caro,
        Concedesi che vaglia pagar con il denaro.
        Per sua cagion si contano cento guerrier fuggiti:
        Sono sessanta i morti, ottanta e più i feriti.
        Devono risarcirsi, e monta il prezzo loro,
        Con pietà calcolato, a trenta borse d'oro.
        Queste al Casnà si denno del sommo alto Regnante;
        Al Visir, al Divano, si devono altrettante.
        Mercé borse sessanta, Osmano avrà il perdono;
        E chi il danar mi conta, ha la sua vita in dono.
MACHMUT: Merita ben la vita d'uomo ai trionfi avvezzo
        Che vendasi per esso la grazia a un sì gran prezzo.
        In vece del suo sangue, borse sessanta d'oro
        È una pietà che in premio da noi chiede un tesoro.

SCACH BEY:	Machmut, se del tempo, se della grazia abusi,
	Saranno i comun voti dal tribunale esclusi.
	O le richieste borse a numerar ti appresta,
	O del Bazar a vista troncasi a Osman la testa.
MACHMUT:	Vanne, l'oro richiesto si troverà; saziata
	De' persian ministri sia l'ingordigia usata.
	A mercatar quel sangue meco venisti, il so.
	Non si dona, si vende. Avidi, il comprerò. *(s'alza)*
SCACH BEY:	Tal del monarca ardisci...
MACHMUT:	Ciò non vantarmi in faccia.
	Il nome del sovrano si veneri, e si taccia.
	Non vende i suoi vassalli chi di tesori abbonda;
	Si val del regio nome lo stuol che lo circonda.
	Conosco anch'io la corte che in Ispaan fiorisce:
	Col sangue degli oppressi s'innalza e si arricchisce.
SCACH BEY:	Tu perderai la grazia, se tal favelli audace.
MACHMUT:	L'oro è già preparato. Bey, vattene in pace.
SCACH BEY:	L'uso condanno io stesso. Ti compatisco, addio.
	(Perdere non vorrei le dieci borse anch'io).*(da sé e parte)*

SCENA XII: MACHMUT, FATIMA,TAMAS ALÌ

FATIMA:	Per me sì gran tesoro? *(a Machmut)*
MACHMUT:	Lo feci, e non mi pento.
	Figlio, puoi tu lagnarti?
TAMAS:	No, padre, io son contento.
FATIMA:	Anime generose, non so quel ch'io mi dica.
	Vi ricompensi il cielo, il ciel vi benedica. *(piangendo parte)*
ALÌ:	Signor, tu sei l'esempio del più sincero amore.
	Ah! non credea si desse tanta pietà in un core.*((da sé e parte)*

SCENA XIII: MACHMUT, TAMAS, *e* IRCANA

IRCANA:	(O si parli, o si vada). *(piano a Tamas)*
TAMAS:	Signor.
MACHMUT:	Figlio, che brami?
TAMAS:	Arrossisco pensando, signor, quanto tu mi ami.
MACHMUT:	Dell'amor mio sei certo, e in avvenir prometto
	Darti maggior le prove del tenero mio affetto.

Son nell'età avanzato, son dai disagi oppresso,

L'impiego e la famiglia regolerai tu stesso.

Lieto alla sposa unito vederti or mi consolo;

Tutto il poter ti cedo, comanderai tu solo.

TAMAS: (Ircana?) *(pateticamente guardandola)*

IRCANA: E che vuoi dirmi?

TAMAS: Senza ch'io parli, intendi. *(come sopra)*

MACHMUT: Vieni, Ircana, e il possesso di questa casa or prendi.

A viver lieta in pace godo che alfin sei giunta:

Ti obbediran le schiave, a Fatima congiunta.

IRCANA: (Senti?) *(a Tamas)*

TAMAS: Che far poss'io? *(ad Ircana)*

IRCANA: Anima vile, ingrata! *(a Tamas)*

MACHMUT: Che ti molesta, Ircana? Ancor ti mostri irata?

Sei di chi t'ama e onora, sei nel tuo cor nemica?

IRCANA: Quello che saper brami, il figlio tuo tel dica.

MACHMUT: Parla, figlio, mi svela questo novello arcano.

TAMAS: Padre... signor... io deggio... ah che lo tento invano.

(confuso parte)

MACHMUT: Oimè! qual ria sventura mi vuol sempre infelice?

Parlami tu per esso.

IRCANA: Sì, più tacer non lice.

Co' benefizi suoi Machmut troppo mi onora.

Esser dovrei contenta, ma non lo sono ancora.

No, superar non posso il duol che all'alma io sento:

Pavento dello sposo, di Fatima pavento.

Una di noi lontana dee andar da questo tetto.

Pensa, risolvi, imponi. La tua sentenza aspetto. *(parte)*

SCENA XV: MACHMUT, *(solo)*

MACHMUT: Oh terribili donne, oh donne al mondo infeste!

Voi gli uomini infelici a tormentar nasceste.

Eccoci al primo impegno; quel che il mio amore ardente

Fatto ha per lor finora, ecco ridotto al niente.

Che farò? Che risolvo? Numi, consiglio, aita.

Oh terribili donne! flagel di nostra vita. *(parte)*

SCENA I: *Stanza in casa di Machmut con vari sofà all'intorno.*

MACHMUT *solo*

MACHMUT: E da colei che solo da mia pietà si regge,
Dalla superba Ircana prender dovrò la legge?
Non basta alla spietata sposo che la consola,
Suocero che l'accoglie, vuolsi veder lei sola?
Tamas, che tanto l'ama, Tamas, che sol per lei
Soffrì co' suoi rimorsi l'orror de' sdegni miei,
No, non sarà sì poco riconoscente e onesto
Di contentar l'ingrata a mio dispetto in questo.
Vidi il suo turbamento al genitore in faccia:
Cuore non ha di farmi l'orribile minaccia.
Non lo farà; pentito è degli error commessi;
Non caderà col padre in replicati eccessi.
Sul di lui cuore Ircana, di sposa ora in sembiante,
Non averà la forza che avea quand'era amante.
Tamas ancor del nodo credo non sia pentito,
Ma se obbedìo l'amante, comanderà il marito.
Tamas, che chiude in seno alma d'onor gelosa,
Adorerà costante il cuor della sua sposa.
Ma mirerà qual passa diversità d'amore
Dal cuor della consorte a quel del genitore.

SCENA II: ALÌ *ed il suddetto*

ALÌ: Signor, deh mi concedi parlar con quel rispetto
Che merita d'un padre il generoso affetto.
Lascia che qual gli porge il suo dover consiglio,
Parli colui che onori col titolo di figlio.
Sparsa per la famiglia udii testé la voce
Che Ircana il fiero sdegno cova nel sen feroce;
Che odia la sposa mia, che non la soffre in casa,
Che l'onor nostro insulta, che di timori è invasa.
Grato a' tuoi doni io sono, i tuoi voleri inchino,
Ma la tua pace io bramo, e di partir destino.

MACHMUT: No, non pensar ch'io voglia di te, di lei privarmi,
Che amo qual figlia: invano tenti, Alì, di lasciarmi.
Sposa è Ircana del figlio, sì, l'accettai per nuora,

Ma quella donna altera non mi comanda ancora:
Né comandar vedrassi con autorevol ciglio,
Nelle mie soglie altera, di Machmut al figlio.
Tanta virtude ha in seno Fatima la tua sposa,
Che vincerà col tempo il cuor dell'orgogliosa;
Tanto conosce Tamas il suo dovere alfine,
Che della sposa ai sdegni imponerà il confine;
Ed io tanto potere serbo ancor nel mio tetto
Per far ch'ella s'accheti, e taccia a suo dispetto.

ALÌ:
Ma se il tuo figlio istesso, per soddisfar l'audace,
D'abbandonar il padre il rio pensier non tace!
E soffrirei vederti per me del figlio privo?
A tal legge indiscreta, signor, non mi soscrivo.
Tanto ti devo e tanto, sono al tuo amor sì grato...

MACHMUT:.
Non dubitar che il figlio siami a tal segno ingrato
Eccolo: a tante prove, onde pietoso io fui,
No, che temer non posso tal sconoscenza in lui.

SCENA III
TAMAS *e detti*

TAMAS:
Padre, signor, perdona se or più che mai ti spiaccio.
Sono, se parlo, ingrato, ma son più reo, se taccio.
Allor che un de' due mali certo prevede il cuore,
Anche prudenza insegna sceglier dei due il minore.
Male per te, per noi, ch'io di qua mi allontani,
Male ch'io resti, e veggasi scoppio di sdegni insani.
Perdi, s'io parto, un figlio, perdi assai più, s'io resto;
Assicurar tua pace giusto mi sembra e onesto.
Sai che due donne insieme, unite in pari grado,
Mai si veggono in pace, o veggonsi di rado.
Fatima andar non deve lungi da te, il confesso;
Resti con te, che il merta, te lo consiglio io stesso.
Alla virtù che ha in seno, al doppio benefizio
Ch'ella ci usò pietosa, deesi un tal sagrifizio.
Se l'amor tuo il consente, fissar la mia dimora
In Ispaan potrei, poco a te lungi ancora.
Ti vedrò, mi vedrai; basta l'istesso tetto

Non chiuda le due donne che miransi a dispetto.
Deh, se ragion tu trovi nel mio pregar sincero,
Non mi negar tal dono; sì, conseguirlo io spero.

ALÌ: Tamas, non sarà mai...

MACHMUT: Taci, non si confonda
Col tuo dritto il mio dritto. La mia ragion risponda. *(ad Alì)*
Figlio, abbastanza ardisti finor nel patrio tetto
Seguir le leggi indegne d'un sregolato affetto.
Tu m'insultasti, ingrato, ti perdonai gl'insulti;
Teco provai gli effetti della natura occulti:
Ma la pietà soverchia colla viltà confina;
Chi feo la tua fortuna, può far la tua rovina.
Fra i due previsti mali, perfido figlio, il veggio,
Per mio rossor tu scegli, per tua sventura, il peggio.
Male per te se parti, male per me se resti;
Ma fra gli estremi il senno mezzi ritrova onesti.
Chi è che il restar con noi rende a te periglioso?
Chi è che da noi lontano promette il tuo riposo?
Una superba donna, in cui d'amore il frutto
A te sarà funesto, e indomito per tutto.
No, non comanda Ircana di Machmut nel tetto;
No, Tamas non isperi partirsi a mio dispetto.
Se la tua sposa altera cova nel sen lo sdegno,
Vada a sfogarsi altrove, cuor di pietade indegno.
A te l'albergo istesso che ti ho, padrone, offerto,
Per pena a' tuoi deliri, in carcere converto.
Vivo non uscirai, crudel, da queste mura:
Qui il genitore offeso ti arresta e ti assicura.
Vivi qual schiavo abbietto, se comandar ricusi,
Soffri il rigor del padre, se dell'amore abusi.
E la spietata Ircana, femmina indegna e prava,
Resti di sposa in vece, qual mia nemica e schiava.
Alì non mi risponda, Tamas o mi ami, o tema,
Fatima non mi sdegni, veggala Ircana, e frema.
*(Tamas ed Alì abbassano il capo in segno di riverenza,
e tacciono, nel mentre che Machmut passeggia sdegnato.*

SCENA IV: *Un* SERVO *e detti*

SERVO: Signor, vien preceduto, all'uso d'Ispaan,
Da corteggio festoso il Bey col *firman*:
La grazia per Osmano reca il ministro eletto.

MACHMUT: Si usi ai regi caratteri il solito rispetto.
Vengano i servi tutti, vengan gli amici nostri:
Ciascun la casa onori, ed al *firman* si prostri. *(parte il Servo)*

SCENA V: MACHMUT, TAMAS, ALÌ

MACHMUT: Ma quando mai, crudele, quando un padre amoroso
Potrà sperar dal figlio la pace ed il riposo?
Non basta ch'io ti dessi, barbaro cuor, la vita,
Non basta a' tuoi disastri la mia paterna aita,
Ch'io l'error tuo mi scordi, di', non ti basta ancora?
Vuoi che comandi Ircana? Lascia, crudel, ch'io mora.
Poco di vita avanza a un genitor dolente;
Poco resister posso al rio fato inclemente.
Aspetti quell'ingrata dal morir mio vittoria;
Ma vuo', morendo ancora, di me lasciar memoria.
Premiar vuo' la virtude, punir la rea baldanza;
La tua minaccia è questa, *(a Tamas)* quest'è la tua speranza. *(ad Alì)*

SCENA VI: *Al suono di vari strumenti vengono da un alto le Guardie Reali con apparato fastoso, indi Schacc Bey che aperto ed appoggiato alla fronte porta il firman, cioè il decreto reale, e dall'altro lato entrano i Servi e le Guardie di Machmut. Entrando il Bey col firman, tutti si inchinano colla mano alla fronte.*

SCACH BEY: Del grande, alto, possente, sacro monarca invitto
Ecco in favor di Osmano, ecco il *firman* soscritto.
Bacialo, Machmut.

MACHMUT: Alle mie mani il rendi. *(lo bacia)*

SCACH BEY: Offri le borse in cambio, che promettesti.

MACHMUT: Attendi.
Olà, sia collo stesso festevole decoro
Tratto da quelle stanze a' cenni miei quell'oro.
*(Tutte le Guardie Reali coll'accompagnamento ed i Servi
e le Guardie di Machmut entrano nelle stanze additate e
nel medesimo tempo escono da un' altra parte con vari
bacili d'oro, sempre al suono di giulivi strumenti.*

MACHMUT:	Inchinatevi all'oro, che uscir dee dal mio tetto:
	Ecco di grazie il fonte, portategli rispetto.
	Che se la man reale diè la vita ad Osmano,
	L'oro ha il poter di muovere ancor la regia mano.
	Prendi, Bey, quel prezzo che alla pietade alletta.
SCACH BEY:	Prendi il *firman*, e taci; qua il prigioniero aspetta.
	(al suono dei soliti strumenti parte il Bey, preceduto
	dal seguito e dai servi di Machmut coi bacili dell'oro.)

SCENA VII: MACHMUT, TAMAS, ALÌ; *poi* FATIMA

FATIMA:	Signor, se al genitore la grazia è già concessa,
	Permettimi che vada ad incontrarlo io stessa.
	Lascia che più serene siano di Osman le ciglia,
	Sciogliendo i lacci suoi la man di una sua figlia.
	Se più tornar non vedi me fra tue soglie ancora,
	Fatima a te lontana ti venera e ti onora.
	In te ravviso il padre, il mio benefattore;
	Grato ti sarà sempre, infin ch'io viva, il cuore.
	Deggio lasciarti alfine, deggio partir, lo vedi:
	Vo collo sposo unita, deh per pietà il concedi.
	Nel liberar tue soglie da una infelice odiata
	D'essere a te pretendo più conoscente e grata.
	Finché qui resto, invano speri godere il frutto
	Della pietà che usasti: io son cagion del tutto.
	Qua non mi soffre Ircana, ella a ragion può dirlo;
	Il suo voler comprendo, ed io deggio obbedirlo.
	In mio favor soverchio di tua pietà è il consiglio,
	Se la pietade offende il genitore e il figlio.
	Grazie ti renda il cielo della bontà che usasti,
	Se il genitor mi salvi, se l'onor mio salvasti.
	Su questa man ch'io bacio, grazie ti rendo al dono:
	Vado da te lontana, ma la tua figlia io sono.
MACHMUT:	L'odi? la vedi, ingrato? *(a Tamas)* No, non sperar ch'io voglia
	Che tu mi lasci ancora. D'un tal pensier ti spoglia.
	Sono d'Osmano ancora dubbi dell'alma i sensi:
	Non so qual sarà meco, qual d'esser teco ei pensi.
	Chi sa che il cor feroce, cui sol lo sdegno alletta,
	Ad onta della grazia, non pensi alla vendetta?

	Tornar potrebbe al campo senza mirarti in volto;
	Potria contro d'Alì lo sdegno aver rivolto;
	Contro la figlia istessa esser potrebbe irato,
	E si può dar che venga d'ogni furor spogliato.
	Ma in così dubbio evento te cimentar non voglio.
	Dicolo, e ciò ti basti; più replicar non soglio.
FATIMA:	Ma la sdegnosa Ircana?
ALÌ:	Ma la tua nuora audace?
TAMAS:	Come sperar, signore, come sperar mai pace?
MACHMUT:	E chi è costei che vanta di spaventar la terra,
	Che col suo ciglio a tutti suol minacciar la guerra?
	È una donna, è una belva, è un'aspide inumana?
	Ha di Medusa il volto? Olà, qui venga Ircana.
	(ad un Servo che parte)
TAMAS:	Lascia, signor, ch'io parta.
MACHMUT:	Vile che sei, ti arresta.
	D'un uom che in Persia è nato, qual codardia è codesta?
	Nati siam noi nel mondo per dominar quel sesso.
	Qua, più d'altrove, il grado vien della donna oppresso.
	Schiave son tutte, e solo sposa al talamo eletta
	Può comandare all'altre, ma all'uom sempre è soggetta.
	E tu cedi l'impero a femmina a tal segno,
	Che d'uom nato in Europa l'atto sarebbe indegno?
	Va, compatisco Ircana, se ti calpesta insano:
	Tutte vorrian le donne tener le briglie in mano.
	E se viltà il consente d'uom che sta alla catena,
	Solo è di lui la colpa, e sia di lui la pena.

SCENA VIII: IRCANA *(e detti)*

IRCANA:	Eccomi, chi mi vuole?
MACHMUT:	Son io che ti domanda,
	Son io che in queste mura ancor regna e comanda;
	Quello che il cuor del figlio solo governa e regge,
	E che a te stessa intima elegger la tua sorte,
	Che d'una donna altera sdegna soffrir la legge;
	O schiava contumace, o docile consorte.
IRCANA:	Signor, la mia fierezza portata ho dalla culla:
	Sposa non so cangiarmi, se tal fui da fanciulla;

Ma la fierezza mia non è, se dritto miri,
Effetto irragionevole di barbari deliri.
Dimmi: ne' primi giorni che tu mi avesti acerba,
Scorgesti me fra l'altre andar schiava superba?
Umile fui del pari colle più vili e abbiette;
Mi fur senza lagnarmi le tue catene accette;
E se costui che or vedi, non seduceami allora,
Serva sarei coll'altre, senza lagnarmi ancora.
M a se una donna è amata, se lusingar si vede,
Vile è colei che affetto di meritar non crede.
Pure, da sue lusinghe resa superba e vana,
Qual è il delitto alfine, di cui si aggrava Ircana?
Una colpa, e poi basta; Tamas fe' mio quel core:
Sola di quel ch'è mio, sola vogl'io l'onore.
Questa costante brama, questo desire onesto,
Fu il mio primiero incanto, e mi condusse al resto.
Un'altra donna in mezzo di gelosia ai deliri,
Sfogata da se stessa si avria con li sospiri.
Io sospirar non posso, non son vile a tal segno:
Di lagrimare in vece, accendomi di sdegno.
Lo sdegno mio mi porta sino alle stragi in seno,
Ma non smarrisco il dritto, né la ragion vien meno.
Dopo sventure tante stringere al sen mi lice
Il caro sposo, è vero; esser dovrei felice.
Della virtù di Fatima prove ho sicure, il veggo:
So che l'insulto a torto, ma al mio timor non reggo.
Odio ho contro me stessa pel mio sospetto insano:
Tentai dal sen scacciarlo, ma l'ho tentato invano.
Se di partire intimo al figlio tuo che adoro,
A costo di arrischiare la vita e il mio decoro,
Questo pensar sì strano, questa passion, che credi?
Parla giustizia in questo in me più che non vedi.
So che a ragion per Fatima il tuo dover s'impegna,
So che il volerla esclusa è pretensione indegna.
Viver con lei non posso, trarla da te non bramo;
Per evitare il peggio, dico allo sposo: andiamo.
S'ei di venir ricusa, se tu il contrasti e il nieghi,
Vano sarà ch'io parli, vano sarà ch'io prieghi.
Tamas sa il mio disegno: o fuor di queste porte,

	O tolgami di pene la mia, non la sua morte.
	Ogni ragion invano mi parla e mi consola;
	O che al partir mi affretto, o che qui resto io sola.
MACHMUT:	(Ah col rigor si tenta di riparare invano...)

SCENA IX: *Un* SERVO *e detti, poi* OSMANO

SERVO:	Signor, da' lacci sciolto, brama vederti Osmano. *(a Machmut)*
MACHMUT:	Venga, sentiam quel core s'è impietosito o altero
FATIMA:	(Ah che pavento, e tremo).
TAMAS:	(Ah che più ben non spero).
OSMANO:	Oh Machmut, oh amico, tenero al sen ti stringo.
	Esser grato qual devo a te non mi lusingo.
	L'opra so generosa del tuo sincero affetto:
	Figlia, mia cara figlia, vien che ti stringa al petto.
	Genero, Alì mio fido, sì, che tuo padre io sono.
	Tamas, della tua colpa mi scordo, e ti perdono.
	Vidi nel carcer tetro l'orror non della morte,
	Che cento volte e cento la disprezzai da forte;
	Ma l'onor mio perduto vidi in orrido aspetto,
	E risarcir le macchie dell'onor mio prometto.
	Sì, che mi aspetti il Trace più dell'usato altero,
	Fin nella reggia istessa dell'ottomano impero.
	Suderò della gloria per i smarriti allori,
	Sarà di Machmut il prezzo dei sudori.
	L'oro avrai che spendesti per me, tra ferri esangue;
	A te devo la vita, a te dovuto è il sangue.
	Vivo ai trionfi ancora, al mio destin perdono.
	Pace vi rendo, amici, pace vi chiedo in dono.
MACHMUT:	Dalla bontà che mostri, anima illustre e grata,
	Tutta la mia pietade è ben ricompensata.
	Un solo don ti chiedo, e dal tuo cor l'aspetto:
	Fatima tua rimetti nel tuo primiero affetto.
	Lei collo sposo accogli, Osman, con liete ciglia;
	Ma non negar ch'io possa Fatima dir mia figlia.
OSMANO:	Sì, figlia tua sia sempre per l'amorosa cura,
	Ma Fatima d'Osmano figliuola è per natura.
	Non ricusar che Fatima passi al tetto natio.
	Alì vengavi seco, genero e figlio mio.

Vado a pugnar: se il fato tornar non mi concede,
Lo sposo della figlia sarà di me l'erede.
E l'amor tuo sì forte, ch'io lodo e benedico,
Faccia che in te, s'io manco, lor serbi un vero amico.
Prendi, s'è ver che li ami, di regolarli il pondo,
Ché più del sangue istesso val l'amicizia al mondo.

MACHMUT: Fatima, or son contento. Osman padre ti accoglie
Vattene collo sposo, vanne alle patrie soglie.
Sempre ti sarò padre, figlia discreta, umana.
Dimmi, vivrai tu in pace? sarai contenta, Ircana?

IRCANA: Ah, mio signor, qual grazia! Suocero mio, qual dono!
Sposo, diletto sposo, sì, che contenta or sono.
Deh Fatima, perdona il mio geloso eccesso;
Perdona, Alì cortese, perdoni Osmano anch'esso.
N on mi vedrete un giorno turbar sdegnoso il ciglio;
Sarò obbediente al padre, sarò amorosa al figlio.
Dubbio non v'è ch'io senta voglia proterva insana:
Ecco che lieto han fine le avventure d'Ircana

Printed in Germany
by Amazon Distribution
GmbH, Leipzig